「あの人」のこと

久世光彦

河出書房新社

「あの人」のこと　目次

特別な人

女優

不思議な人

演じる人

書く人

装画　信濃八太郎
装丁・デザイン　櫻井久（櫻井事務所）
協力　久世朋子
編集　杉田淳子（go passion）

特別な人

待ち合わせ

向田さんと待ち合わせて、二人でどこかへ行ったということが、私にはほとんどない。二十年近いお付き合いをしながら不思議だと思う。何月の歌舞伎にご招待するとか、どこどこでご馳走するとか、おいしい前触れは何度も聞いたことがあるが、実現したことは一度だってなかった。つまり、待ち合わせることがなかったわけである。仕事の用があるときは、たいてい私の方からあの人の家へ出向くか、向田さんが私たちの会社へくるかのどちらかだから、待ち合わせとは言わない。待ち合わせというのは、その後いっしょにどこかへいくために、目的の場所の近くとか、中間の地点で落ち合うことをいう。と考えて、ふと思ったのだが、私は向田さんと二人並んで歩いた憶《おぼ》えもない。だから、あの人の歩調が速かったのか、遅かったのかも知らないのである。真っすぐ前を向いて歩く人なのか、きょろきょろ脇見をしながら歩く人なのかも知らない。更に言えば、私はある風景の中にいるあの人というのを、そんなに見たことがない。いま、任意に何人かの知っている顔を思い出してみて、向田さんのような人がいたかどうかを考えてみると、大概は、一度や二度は喫茶店や街角で待ち合わせたことがある。別に不満だとか、おかしいとか言うわけではないが、不思議と言えば不思議である。

実は、待ち合わせたことが、たった一度だけある。たぶん銀座あたりで何かがあったのだろう。何の会で、なぜ二人いっしょにいったのかは忘れてしまったが、向田さんが、指定したのは、喫茶店でもなく、服部の時計店の前でもなく、デパートの屋上でもなく、四丁目の交差点に近い、近藤書店という本屋の二階だった。この本屋は、いまでもそうだが、一階が雑誌類の売場で、二階が一般図書になっている。なるほど、と私は思った。向田さんと私という組合せは、洒落《しやれ》た午後の喫茶店という雰囲気ではない。どっちが先にきていて、どっちが遅れて入ってきても、なんとなく様《さま》にならない。やあと手を挙げるのも変なものだし、遅れたことを詰《なじ》るのも、弁解するのも似合わない。店を出るとき、どっちが伝票を持って立つかだって、どうも上手《うま》くいかないような気がする。どっちだっていいじゃないかと思われるだろうが、向田さんと私との間は、そんなつまらない、けれど微妙で危ういバランスの上に成り立っていたような気がする。何にしても、気まずくなりたくないのである。

その点、本屋というのは、上手いと思った。数々の、あの人の名エッセイとおなじくらい上手いと思った。どっちが遅れて、どっちが待たされても、手持ち無沙汰ということがない。時計が気にならない。遅れてきた方も、駆け足で入ってきてキョロキョロしなくても、何気なく近寄って、ごめんと囁《ささや》けばそれでいい。お互いに、伝票に手を伸ばさなくて済む。その日、当然遅れてきたのは向田さんだった。目立つほどではもちろんないが、いつもより他所《よそ》ゆきの格好をして、いつもより高いヒールの靴を履き、手にお祝いの品が入っているらしい紙の袋を持っていた。私は、気がつかない方だから手ぶらである。階段を降りて、銀座の裏通りに出たら、「悪いけど、持って」と、紙の手提《てさ》げ袋を私に押しつける。怒ってるみたいな口調である。「私、こういうの持って歩くの、似合わないのよ」。ずいぶん勝手な言い分である。それなら私は似合うのか。けれど、あの人はもう春風にやわらかな髪をなびかせて、何メートルか先をさっさと歩いている。持ち物と言えば、小さなショルダーバッグ一つで、なるほどこれで紙袋を提げていたら絵にならない。仕方なく私は、せめてその袋を小脇に抱えて、あの人の後を追った。

だいたい物を持たない人だった。持っていれば、山ほど抱えていた。家出でもするの？　と訊《き》きたくなるくらい抱えていた。それはそれで、あの人としては様になっているということだったのだろう。半端が嫌なのである。格好悪いのである。原稿を届けにくるときは、原稿用紙を丸めて直《じか》に手に持っていたし、本だって袋になんか入れないで、裸で持っていた。本屋でカヴァーをかけてくれても、店を出るとすぐに外してしまうらしい。そう言えば、あの人の部屋でカヴァーのかかった本を見たことがない。しかし、そんな本を持って本屋に入るときはとても困るそうである。丸められる雑誌なんかならいいけれど、ハードカヴァーの場合、いったいどうすれば、いま持っている本が既に自分の所有物であるかを示すことができるのか。これは、決して解けない問題だそうだ。無造作に持ったつもりでも、なんだか後ろめたくて、かえってぎごちなくなる。レジで、その本屋で買う本をカウンターに置くとき、これは違うんですと前以て申告するのも可笑《おか》しなものだし、かと言って、店員から見にくいところに持っていて疑われるのも嫌だから、わざとよく見えるように、腋《わき》の下に挟んだりする。そんなとき、人間というのは、かならず顔が赤くなっているというのが、向田さんの持論だった。ほんとうに悪いことをしているときは、結構図々しくなれるけど、いけないことをしているのではないかと人に疑われそうなとき、人はなぜか浮き足立ち、狼狽《ろうばい》するものらしい。

女にかぎらず、人がどう生きるかということは、たとえば待ち合わせの場所であり、物の持ち方なのだと思う。私とあんみつ屋で待ち合わせようが、紙袋を提げて歩こうが、みっともないわけでもないし、人にとやかく言われることでもない。けれど、そんな日常の些細《ささい》なことにこそ、その人の気性は顕《あらわ》れるものだし、逆にそれらに拘《こだわ》り、一つ一つに気を配ることで、人柄というものは次第にでき上がっていくのかもしれない。向田さんはよく気のつく人だった、心配りの細やかな人だったとよく言われるのは、ただ他人のことを思ってというだけではなかった。自分のために、していたことである。人に迷惑をかけないほどに我儘《わがまま》だったし、臆面もなく身勝手でさえあった。むしろ、そのことまで含めて、人との間のバランスを考えていたのである。

向田さんは、たとえば、私なんかに会うずっと以前に、いろんな嫌なことが人との間にあったに違いない。人と人の間というものは、男と女にかぎらず、いつも崖っぷちを手探りで歩いているようなものである。ちょっとした不注意な言葉一つで、足元はすぐに崩れる。何気なく洩《も》らした一つの溜息のおかげで、いきなり深い霧に包まれ、行く先がわからなくなってしまうことだってある。そういうことを、とても怖がっているところが、あの人にはあった。待ち合わせはおろか、ほんとうは、できることなら人に会わないで暮らしたいとさえ思っていた節さえある。よく陽気な楽天家だと言われる人が、救いようのないくらいのペシミストだったりすることは、世の中、よくあることである。あの人がペシミストだったとは言わないが、自分とある人との間を、あえて曖昧《あいまい》にしようとしていたように思ったのは私だけではあるまい。本屋を待ち合わせの場所に選んだのは、あの人独特の距離感だった。遠すぎず、近すぎず、よそよそしくもなく、さりとて味気なくもなく、いまでも私は、近藤書店に入るたび、賢くて寂しい向田さんを思い出す。

あの人が私と約束して、果たしてくれたのは、脚本を書いてくれたことだけである。二十年近くの間に、約束だけは、数え切れないくらいした。あの人は、予約しておくから京都へスッポンを食べにいこうと言う。私は、「ディア・ハンター」をいっしょに観にいこうと誘う。何日の何曜日にとまで言わないが、これは一応約束である。二人でとは言っていないが、誰かを誘ってとも言っていないから、これはとりあえず二人の約束である。けれど、約束したときに、もう二人ともそのリアリティを信じてはいなかった。すがれた色の暖簾《のれん》の店で、あの人と向い合って、フウフウ言いながらスッポン鍋を食べている図なんて、想像もできなかった。暗い映画館の座席に隣り合って座って、ポップ・コーンの袋に二人で手を突っ込んでいるなんて、もっと考えられなかった。それなら、どうして懲《こ》りもせず、どうせ絵空事の約束をたくさんしたのだろう。――でも考えてみれば、約束というものは、かならず果たされなければならないと決まっているものでもない。向田さんだけではない。いままでの長い日々を思い出してみたって、実らなかった約束の方が、どんなに多かったことか――。半ば以上信じていないから、約束は愉《たの》しく、哀しい。

その代わりというのも変なものだが、誰かと待ち合わせて、二人でどこかへいったという話も、私たちはお互いした憶えがない。女同士、男同士というのさえなかった。それが私たちの無言の、仁義だったというのだろうか。そう考えたら、たまらなく可笑しくなった。色恋の話は避けて通り、誰かとどこへいった話さえせず、繰り返しした話と言えば、家族のこと、昔読んだ本のこと、昭和のはじめの遊びのこと――これではまるで、お爺さんとお婆さんの、春の縁側の茶飲み話ではないか。しかし妙なもので、それがいまとなっては、なんとも色っぽく思い出されるのである。私たちは、そんな他愛のない話でさえ、お互いそっぽを向いて話していた。欠《あく》伸《び》を堪《こら》えながら、話の接穂《つぎほ》を探していた。色っぽい気配なんて、どこにもなかった。けれど、それがドキドキするくらい色っぽかったのである。色っぽさというものは、もしかしたら、何かを怖がっているということなのかもしれない。

あはれしるをさなごころに
ありなしのゆめをかたりて
あまき香にさきし木蓮《もくれん》
その花の散りしわすれず

（三好達治「あはれしる」）

女優

樹木希林

〈CMの女王〉と言われているが、本人は〈皇太后〉だと言っている。女王ほど偉くはないし、威厳も気品もないからというのである。とにかく、目立たないように常時二、三本は十五秒のCMに出ている。本人はこっそり影のように出ているつもりだが、どうしても目立つ。絶妙に可笑《おか》しいからだ。何の商品の宣伝かわからなくても、この人の印象だけは、滑稽《こっけい》なのにどこか切なく、笑った後に妙に悲しく残る。CMに出ている人は数知れずいるが、わずか十五秒で、後に余韻を残す人はこの人しかいない。

もう四十年近いお付き合いだが、この人は二十歳のころから、上目遣いにじっと〈人間〉を見て暮らしていた。ターゲットにした人の歩き方や、転び方や、恥ずかしがり方や、嫉み方に目を凝らして毎日を過ごしていた。もう三十年も昔の話だが、「寺内貫太郎一家」という向田さんのドラマで、〈キン婆さん〉という役をやることになったとき、たまたま電車の中で、いかにも吝嗇《けち》で意地悪そうなセコイ婆さんを見つけ、そのまま後を尾《つ》けていった話は有名である。電車を乗り換えバスに乗り、そこから二十分歩いて、とうとう千葉の在にあるその婆さんの住む老人施設まで、尾いていってしまったのだ。ついでに施設の老婆たちと喋ったり、手をにぎったりして〈婆さん〉を〈感じて〉帰り、そこから〈キン婆さん〉の、あの奇妙な色をした、裾の長い割烹着《かっぽうぎ》や、指の先だけチョン切ったレースの手袋が生れた。割烹着は自分の家の釜で、何度も繰り返し染めた。老人は夏でも手足の先が冷えるから、指先を落としたのである。

　たいていの俳優は、衣裳係のスタッフが用意してくれたものを、そのまま着る。希林さんは、みんな家から持ってくる。割烹着も襟巻も、半端な長さの草臥《くたび》れたスカートから、普段のソックスまで、全部家から持ってくる。だいたいこの人のやる役は、お手伝いさんとか家政婦とか、死にかけた娼婦とかが多いから、ほとんどが自前で済むのだ。だから、大河ドラマで大奥の〈春日の局〉の役で出てきたときはびっくりした。普段この人が着ている薄墨色の法衣《ほうえ》みたいなものを、そのまま平気で着ているのである。時代考証なんか、まるで気にしていない。裲襠《うちかけ》の代りに、蟬《せみ》の羽のような薄い黒い布を、申し訳みたいに羽織っているだけだった。――この人の家にいくと、四畳半ほどの一部屋が、古着や古靴下や、古下駄、古傘で溢れている。——こんな俳優も、当節まあいない。
凝り性というのとは違う。リアリズムというのでもない。新しく用意された衣裳を身につけていては、落ち着かなくて〈人間〉になれないと言うのだ。出てきただけで、その役の過去も現在も、不安も悔いも、いま考えていることも——見ている人にわからせたいと言うのだ。樹木希林という人にとって、役とか、芝居とかいうものは、そういうことなのだ。ちっとも小難しくも、ややこしくもない——それだけのことなのだ。CMで、絶妙な余韻が残るのも、たったそれだけのことなのである。

先だって森繁さんに会ったら、希林という子は、どうして芝居をやめたのですか、と訊かれた。やっているじゃありませんか。そうですか。見かけないなア。——森繁さんはいま、誰よりも希林さんと芝居がやりたいそうだ。あの子はどんな悪女をやっても、根性の悪い女をやっても、去った後に可愛らしさを残します。救いのようなものを、残してくれます。昔の私にそっくりです。——結局それが言いたかったのかもしれないが、やはり、名優は名優を知るということなのだろうか。

こんにちは、母さん

外では冷たい雨が降っているのに、小さな劇場の中は、お芝居がはじまる前から〈好意〉のようなものが、客席のそこここに弾んでいて暖かだった。私はちょっと妙な気持ちだった。これから見るものを愉しみにしている気持ちというのは好もしいものだが、少し〈好意〉が早すぎる。まだ、お芝居ははじまっていない。

順序がまるで逆になるが、カーテン・コールの加藤治子が、慎ましくきれいで、取り立てて笑うでもなく、恥じるでもない挙措《きよそ》の中に、〈女優〉の矜持《きようじ》が夕暮れの漣《さざなみ》のように輝き、〈女優〉というものへの懐かしさが、私の胸の底にしみじみと蘇《よみがえ》った。それは、このごろの〈劇場〉に失われて久しいものだった。かねがね思うのだが、〈女優〉は劇場の神である。どんな形《なり》をしていようと、どんなに憂鬱《ゆううつ》そうに顔を曇らせていようと、あるいはそれが、何のために書かれた芝居であったとしても——〈女優〉は劇場の神であり、私たちはその大らかな美しさを上目遣いに見上げ、天啓のようにその声を聴くものなのだ。それが、劇場の〈幸福〉である。

「こんにちは、母さん」は市井《しせい》のお芝居である。下町の隅っこの、誰ということもない女たちのお喋りではじまる。舞台には、加藤治子が独りで棲《す》む二階建ての小さな家を中心に、近所の家のベランダや窓辺が構成舞台的に大胆に組まれ、その割りに家の中の道具や調度品は、かなり微細に飾られている。それはよくあることかもしれないが、不思議な効果があったのは、舞台正面の縁側に入っている四枚のガラス戸だった。その戸には本ガラスが使われていて、朝はそこに淡い日影がさし、暮れれば隣りのアパートの灯《ひ》を映し、暗くなると室内の電灯の反射で、加藤治子や杉浦直樹の疲れた横顔や老いの姿を、幻のように映し出す。生活のリアリティは、ほとんどこれだけで十分であり、他の細々《こまごま》とした描写を省いて、この〈映り〉だけに頼ってもいいのではないかと思うくらい、このガラス戸は鮮やかな効果をあげていた。——舞台というのは、面白いものだ。

こうしたリアルで可笑《おか》しい芝居の中で、〈女神〉は、どのように君臨したのだろう。

＊

私はこのお芝居のタイトルを聞いたとき、どうしてかエリュアールの「直接の生」の中の、《悲しみよさようなら　悲しみよ、こんにちは。……》というフレーズを想った。サガンが処女作の題名に引用した詩である。それから私は、いつの間にか頭の中で、〈悲しみ〉を〈死〉に置き換えていた。これは、お芝居を見ながらである。そのうちこんどは、この芝居のタイトルは、つまりは「死のある風景」でもいいのかなと考えた。けれど、そんなことを言ったら、世の中のあらゆる芝居も小説も、おなじタイトルになってしまう。

加藤治子の老女は、孤りである。杉浦直樹の恋人がいても、平田満の息子がいても孤りである。所詮は孤りで死ぬために、笑ったり酔っ払ったりして、毎日を生きている。たぶん正気で明日に希《のぞ》みを持ったり、過ぎた日を悔やんだりはしていない。恋人も息子も気のいいご近所さんも、無料の主婦講座で読んでいる『源氏物語』の人物たちとおなじようなものだ。いろいろ忙しくしていても、この老女の人生の予定表には、この先何も書いてない。だから、息子の会社の人事に首を突っ込んだり、顔見知りの寝たきり老人と電話で励まし合ったりしている。そうした習慣や衝動や、些細なアポイントメントに縋《すが》るしかないのだ。——人はみんなそうかもしれない。

そうして見ると、この家は、やたら風通しがいい。みんなが自由に出入りでき、気楽に荷物をまとめて引っ越してきたりする。ぶつぶつ言いながら、それをすべて彼女が受け入れるのは、誰もいなければ、やってくるのは、もはや幻とは言えない〈死〉という〈ほんとうの隣人〉だけだということを知っているからだろう。その隣人が気さくにやって来られないように、この老女は家中を開けっ放しにする。縁側のガラス戸に映してみれば、二人は四人になり、四人は八人になる。

この辺りから、加藤治子は下町の老女から姿を変えて、女神になっていく。

＊

最後の場の加藤治子に、作者はどうしてもっと喋らせなかったのだろう。少し乱暴に言えば、お芝居のカタルシスという幸福は、〈神〉である女優の、物の怪《け》に憑《つ》かれたような長台詞《ながぜりふ》にある。この芝居が、もう一つ大きくなれなかったのは、そのせいかもしれない。加藤治子が、あと三段、神への階段を昇りきれなかったのも、このきっとそうだ。言問橋《こといばし》に火柱が立った話だろうと、豆腐屋だったお父さんの話だろうと——どんな話でも、それが目の前に茫洋と現れた〈死〉との対話であったなら、どんなにこの芝居は大きく、妖《あや》しく色っぽくなっただろう。——加藤治子は、二十年も前から《もう死ぬ、もう死ぬ》と言い暮らして、ちっとも死なない女優である。

私はそんな加藤治子の、死への憎悪や、憧れや、口説《くど》きや怖れの声を聴きたかった。卓袱台《ちゃぶだい》をはさんですぐそこに胡坐《あぐら》をかいている〈死〉に、しなだれかかったり、思い切りよく平手打ちを食わせたりするのを、もっと見たかった。半端な人情噺《ばなし》と、ほどほどの手打ちをして欲しくなかった。——芝居が長くなって、最後の場の台詞をかなりカットしたと聞くが、そこにはどんな台詞が書いてあったのだろう。そしてたとえば、幕切れで加藤治子の姿がまず闇に消え、響き渡る花火の音の中に、近所の女たちの空《むな》しい歓声だけが残ったら——と私は思ったのだった。

〈dignity〉という言葉がある。威厳といってもいいし、神聖といってもいい。加藤治子は、そんな言葉にふさわしい最後の女優である。——だいぶ以前の話だが、シェイクスピアの「コリオレイナス」の加藤治子には、そうした〈dignity〉が満ち溢れていた。けれど、悲劇であろうと喜劇であろうと、あるいは宮廷芝居でも市井の人情噺でも、神である〈女優〉は、いつだってそうでなければならないのだ。そうあってくれないと、劇場の幸福はない。それは、遠くギリシャ悲劇の昔から、〈演劇〉というものの、他のジャンルにはない、観客への〈礼儀〉であり、自らを戒める〈規律〉だった。

劇場を出たら、雨が上がっていた。けれど、夜空の星は疎《まば》らだった。

桃井かおりのお尻の重さ

わがまま言って泣き出したら、梃子《てこ》でも動かないあのお尻の重さが好きです。ほどほどの所で手を打って、納得したような顔をしてみせる女優さんが多い中で、《なんか気持が悪い》というだけの理由で坐り込んでしまう、あの百姓女のようなだらしなさが、私は大好きです。

それは私だって困ってしまいます。芝居が前へ進みません。稽古場は妙にしんとしてしまいます。

そんな時、私は例えば子供のころ見た怖い夢の話をしたりします。はじめて隠れて吸った煙草の話をします。八十六歳の母が、このごろ耳が遠くなった話をしたりもします。かおりの耳もとでボソボソと喋ります。それはほとんど芝居とは何の関係もない話です。ただ、どれも本当の話です。嘘がひとつも入っていない、本当の話です。

しばらくすると、かおりはのそのそと立ち上ります。前髪をかき上げます。私の話をいったい聞いていたのか、いなかったのか、不愛想な顔のままチラリとこっちを見ます。涙を、子供みたいに拳《こぶし》で拭います。そして、嘘みたいに、きれいに笑ってみせます。

桃井かおりのお尻の重さは、この世の〈嘘〉への精一杯の抵抗だと思います。なりふり構わぬ筵《むしろ》旗のようなものです。たった一人の百姓一揆です。そしてあのきれいな笑いは、かおりがいつも探している〈本当〉への、心からの微笑だと思うのです。

やがて死ぬ人

のっけから抹香《まっこう》臭いことをいうようだが、田中裕子という人が何てったって凄《すご》いのは、映画やテレビでどんな物語のどんな役をやっても——たとえば「大阪物語」なら春美っていうお母ちゃんは、あんなに嬉しそうに朝の街を走っていても、子供たちと猫の家族みたいに体をくっつけ合って寝ていても、いずれは死んでしまうんだなと、ふと観ている私たちに思わせるところだ。台本のどこにも、そんなことは書いてないし、監督が囁いたわけでもない。ただ、この人がやると、どんな物語の女もそうなってしまうのだ。これは、とんでもなく凄いことなのだ。

よく〈等身大の女〉みたいなことを有り難そうに唱えている人がいるようだが、そんな人たちは五十年かかったって、田中裕子には追いつけない。この人はいつのころからか、生きている毎日と、死んでしまった後の空虚との間にぼんやり横たわっている、蓋のない暗渠を、ひょいと飛び越えてしまったのだろう。ドラマの終わりの幸不幸に関わりなく、私たちが田中裕子が演じた女の向こうに、〈永遠〉とか

〈自然〉とかいうような、気が遠くなるくらいの巨《おお》きなものを見るのは、そのせいでしかない。この人は、いつ、どこで、何を見てしまったのだろう。

やがて死ぬ人と思えば、その女のキャラクターなどというものは投げやりであろうと、青空みたいに清々しかろうと、つまりはおなじことで、田中裕子は自由な春の蝶みたいに羽ばたいていれば、それでいい。「大阪物語」のお母ちゃんが、寒々とした日暮れに見たものは、いつの日か、私たちが見なくてはならないものだ。性懲りもなく裏切ってくれるお父ちゃんの髪の匂いが、それでもたまらなく懐かしいのは、たぶんお父ちゃんだって、いずれは死ぬ人だからなのだろう。そんなとき、遠い目をしてどこかを見ているお父ちゃんの〈どこか〉は、もう私たちに見えはじめている〈どこか〉に違いない。

だから田中裕子には、生きている日々の何だろうと似合ってしまう。食卓に白々と輝く一切れの豆腐にも、露地裏の一群れの松葉牡丹にも、風に飛ぶお稲荷さんの赤い幟《のぼり》にも――田中裕子はよく似合う。そして、それらに何の気なしに目を遊ばせるこの人の瞳の奥に――あの〈永遠〉とやらが、揺れて、揺れて見える。

静かに変わった小泉今日子

四十年も演出という仕事をしていると、女優の表情や声がある時期に変わったり、周囲に醸し出す空気の色や匂いが、違ってきたりするのに出会うことが、ときどきある。このごろ出色の例は小泉今日子で、つい最近の「センセイの鞄」で、彼女の変わり方を見て、私はかなり驚いた。もともと好きな女優で、彼女が十六歳だった「あとは寝るだけ」というドラマ以来、今日まで二十年の間、ほどほどの間隔でいっしょに仕事をしてきたが、目立って彼女の表情や動作に、陰影が色濃く出はじめたのは、先年の「風花《かざはな》」という相米慎二《そうまいしんじ》の映画からだった。——たとえば、なにげなく街を歩いている後ろ姿に、都会の憂鬱とでもいうようなアンニュイが滲んでいた。そっけない無表情の横顔に、狂おしい恋の悶《もだ》えが突然揺れて見えた。人の心の中の、さまざまな矛盾を、不用意といっていいくらい正直に、表へ出すようになった。これは小泉今日子の〈演技〉の変化ではなく、〈生きていることの自覚〉の変化ではないかと、私は思うのだ。

そんな気配をこの人が見せはじめたのは、「風花」の更に以前、この人が父親を亡くしたころだった。本人が何を思い、何を感じたのかは、訊いたことがないからわからない。けれど、そのことで何かが変わったのは確かだった。たぶん〈近親の死〉というものに、はじめて出会ったのではないか。この人の歩調に乱れが見えはじめた。呼吸が不規則になった。投げやりとさえ思われる、ある〈放棄〉の色を目に浮かべるのを、私は見た。つまるところ、ある人を変えるのは〈人の死〉なのではないかと、私はそのとき考えた。

「風花」を撮影している間に、この人は相米慎二の〈死〉を絶えず予感していたのではないか。その予感通り、相米は「風花」を完成してしばらく後、死んだ。——人が死ぬのは当たり前のことだ。けれど、その姿はさまざまだ。昨日元気だった人が、今日はもういない。年の順でもない。部屋の中に、ポッカリ一つ空席ができて、その後、誰がそこに坐っても、どうにも落ち着かない。生きているということは、周りに空しい空席が次々とできることなのか。ということは、自分にだっていつか、席を立っていく日がくるのだ。——そして小泉今日子は、静かに変わっていった。

「センセイの鞄」は、三十七歳の、ごく普通の女が、七十歳の〈元高校の国語の先生〉と恋に陥ちる話である。淡々《あわあわ》としたメルヘンにも見えるが、実は物凄くリアルな話でもある。センセイは《月子さん、私はいつまで生きられるでしょうか》と問い、月子は《ずっと、ずっとです》と答える。究極の恋の会話である。深読みすれば、月子はセンセイに恋するというよりは、程なくやってくるセンセイの〈死〉に恋しているのかもしれない。センセイが死んで、独りになった月の夜――月子はセンセイの遺品の鞄を開けてみる。空っぽの鞄の中には、深い深い闇ばかりがあった。

月子の小泉今日子が、素晴らしかったのは言うまでもない。試写が行なわれた池袋の劇場では、大勢の観客が泣いていた。特に男が泣いていた。「センセイの鞄」の月子は生き生きと走り、滑稽に転び、喜びに溢れてセンセイに抱かれ――やがて、真っ逆様に絶望の底に墜ちていった。恋の喜びと死は、いつだって背中合わせであり、死の予感のないところに、恋は生れない。――つい最近の新聞で生瀬勝久が、このごろのドラマや役者は、人間が死ぬということを、忘れているのではないかと言っていたが、私はその通りだと思った。――生瀬勝久は、すでにいい役者だが、もっといい役者になるだろう。

「羽化」した宮沢りえ

いま、これほど綺麗な女優さんは、他にいない。女優のいちばん輝いている時期なのだろう。何しろ、どこから、どんなサイズで撮っても美しい。それでも以前は、顔だけの女優だった。映画やテレビでも、顔のアップばかり撮られていた。だから本人も表情だけの芝居をしていた。いつもパッチリ大きな目を見開き、花のような唇を綻ばせて笑ってみせるだけだった。言ってみれば、ポートレート向きの女優でしかなかったのだ。

それが数年前から、変わった。顔だけではなく、姿が撮れるようになったのだ。そして見る見る、女の揺れ動く気持ちが漂うようになり、自在に羽撃《はばた》きはじめるようになった。蝶が蛹《さなぎ》から成虫になることを〈羽化〉と言うが、正にそんな感じだった。だが、宮沢りえの場合、それが数年前だったということは、二十五、六のころである。蝶の羽化の喩えにしては、遅過ぎはしないか。言い替えれば、蛹の期間が長過ぎる。けれど女優が面白いのは、何の気配も前兆もなく、あるとき突然、羽化現象が起こるところだ。りえの場合も、そうだった。

私はこの人とは、面識がある程度のお付き合いだった。確か、本木雅弘のライブコンサートの会場で、偶々《たまたま》会ったのだと思う。そのころ私は毎年正月に、〈向田邦子新春シリーズ〉というのをやっていた。八十年代の半ば過ぎから、田中裕子、小林薫、加藤治子らと十七年間つづいたシリーズだった。時は昭和の十年代、所は東京山の手と、背景はいつも同じだったが、人物たちの関係や、ストーリーは毎年変わっていた。

そのシリーズの最終作が「風立ちぬ」だった。姉（田中）の恋人（小林）を好きになってしまった妹が、行き詰まったある冬の日、苦しい胸の中を姉と母に告白する――という話だったが、撮影の寸前に、妹に目していた某女優さんが出演できなくなるというアクシデントが起こった。土壇場である。大切な役だから、誰でもいいという訳にはいかない。宮沢りえ主演の中国映画の撮影が延期になった――そんな情報が入った。ダメを覚悟で話を持ち込んだ。それが宮沢りえとの、奇蹟的に運のいい出会いだった。

はじめのうちは、声も体も固かった。やはり顔の芝居がほとんどだった。けれどクライマックスの告白のシーンで、彼女は豹変した。こういうことは、うまく説明できないが、同じ場面に出ていた裕子さんや加藤さんが、びっくりするくらい、本番の宮沢りえの芝居は、人の胸を打つものがあったのだ。私はわざとカメラ・テストの回数を減らし、宮沢りえを不安の状態に置いたまま本番に入った。そして他の俳優さんにだけは知らせて、芝居の段取りを少し変えた。りえは知らない。言わば〈騙し討ち〉だった。――たとえば、廊下でりえがショックでよろけ、傍の障子戸に縋《すが》る芝居があった。私はその障子を、ちょっと触っただけで倒れるように仕掛けておいた。本番で、りえは驚いた。けれど動顚《どうてん》しながら芝居をつづけた。その口から出た言葉は、台詞《せりふ》というよりは、生きている一人の女の声だった。廊下を這い回り、スカートが捲《めく》れて腿《もも》まで見えた。もちろんテストではやらなかった芝居だった。いつも綺麗に台詞を言う宮沢りえが、獣が吠えるような声で、姉の恋人への思いを訴えた。――そのときが、りえの羽化だったかどうかは解らない。けれど兎《と》に角《かく》りえは変わった。「風立ちぬ」は放送され、りえの芝居は新聞などで絶賛され、それから見違えるような女優になった。――そのシーンについて、りえは一言だけ私に言ったことがある。――裕子さんや治子さんに、負けたくなかった。

その後、宮沢りえとは、井上ひさしさん原作の「碧空《あおぞら》のタンゴ」、佐藤愛子さんの「血脈」とつづいている。いずれも、りえは美しく、女の気持ちを様々に見せてくれた。この夏には「夏目家の食卓」という明治のホームドラマで、漱石夫人の鏡子をやってもらうことになっている。

夏目雅子は母の顔

どことなく輪郭がぼやけていて覚えにくい顔というものがある。例えばいつも顔のあたりに春霞がほのかに漂って、特にその目もとが曖昧に揺れているみたいで、思い出そうとする時どうにも難儀する、この人の顔はそんな顔だ。だから、初めのうち何度見ても覚えられなかった。不思議なもので顔がそうだと声もなんとなく、いつも少し離れたところから聴こえてくるように思える。時として意外な例外もあるが、だいたい人間の顔と声質とはごく自然に似合っているものだ。だからこの人の顔も声もずいぶん長い間ぼやけた印象しかなかった。いつも春の川辺にうっすらと流れる霞のようだった。

向田邦子さんが「あ・うん」というドラマを書いているころ、彼女の書斎に何冊も積み上げられている、昔の「主婦の友」があった。昭和の初めから十年ごろまでのもので、今と違って表紙は写真ではなく当時の挿絵画家のかなり写実的な女の顔が品よく笑っている。そのほとんどが若奥様風の和服の女だが、臙脂《えんじ》のつばの広い帽子の下の眉がすんなりと細いモダーンな顔もある。でもその一つ一つがみんな違うようでいて似ている。どの号の顔もおんなじだ。面白いことだと思って五、六冊並べて眺めてみたら、はっきりと初めて一つの顔が浮かび上ってきた。「主婦の友」の表紙のモデルは全部、夏目雅子だった。

あのころ往診の医師はみんなきちんと三つ揃《ぞろ》いの背広を着ていた。ダットサンからおりてくる医師のうしろから黒い診察鞄を胸に抱えてかならず看護婦がいたものだ。少し緊張して小走りに門を入ってきたのが夏目雅子だった。当時の母は、よく父に叱られていた。時分《じぶん》どきだと、茶碗や箸《はし》が飛んだ。母はだまって白い陶器のかけらを拾い集め、行くところがないから台所へ立って用もないのに水仕事や洗濯を始めた。いつもより勢いよく水を出す。背中で、父の咳ばらいが聴こえるようだが、水の音で消されてあまりはっきりしない。ただひたすら水仕事にはげむ。時々白い顔を上げて濡れた手の甲で、額の汗を拭う。その顔が夏目雅子の春霞の顔だ。

この人の顔は二・二六のころの母の顔だ。それから綿々とつづく昭和史の中に仄《ほの》かに浮かんでくる母の顔だ。誰にとっても母の顔というものは、どことなく輪郭がぼやけて遠いだけに、こよなく激しく、なつかしい。

岸田今日子さんの魔法

イングリッド・チューリンというスウェーデンの女優が先日亡くなった。一九五〇年代から七〇年代にかけて、ベルイマンやヴィスコンティの映画によく出ていた知的で色っぽい人だった。私はヴィスコンティの「地獄に堕ちた勇者ども」の誇り高い財閥夫人と、ティント・ブラス演出「サロン・キティ」のベルリンの娼館の女主人キティが忘れられない。頽廃《たいはい》と艶麗《えんれい》を、宝石のように見境なく身につけた、ちょっとそこらにはいない女優だった。そのイングリッド・チューリンの声の吹き替えと言えば、岸田今日子さんだった。若いころからイングリッドによく似合う声をしていた。天鵞絨《ビロード》を毒薬で浸したような濡れた声で、しばらく聴いていると眩暈がしそうになる。だが声は天性のものにしても、その声で紡ぎだされる魔法の言葉には、今日子さんの不思議な情念が籠もっている。魔法——そう。私には今日子さんの言葉が、あるときは聖天使の歌のようにも、またあるときは魔女の甘美な囁きのようにも聞こえるのだ。——魔法というしかない。

昭和三十七年の「鏡子の家」が、今日子さんに出会った最初のドラマだった。そのころは今と違って、純文学の作品がテレビの連続ドラマになることが多かった。伊藤整の「氾濫《はんらん》」とか、石川達三の「四十八歳の抵抗」や中村真一郎の「自鳴鐘《じめいしょう》」とかもそうだった。「鏡子の家」は三島由紀夫の原作で、ヒロインの〈鏡子〉が今日子さんで、それを巡る男たちに、杉浦直樹、まだ二十代の山崎努や長谷川哲夫、他に冨士眞奈美や加藤治子など——私は駆け出しの助監督だった。私は生前の三島さんに一度しか逢ったことがないが、逢わせてくれたのは今日子さんだった。新橋の料亭の小座敷で、三島さんは芸者三人に囲まれて、訳のわからないことを喚いていたが、今日子さんにはずいぶん丁寧な言葉遣いだったのを憶えている。「鏡子の家」も男たちが〈鏡子〉（偶然である）を取り巻いて傅《かしず》く話だったが、今日子さんにも同じような雰囲気が平素からあった。今日子さんはいつだって優雅で、話題が洗練されていて、静かな微笑がきれいだった。交友関係も広く上等だったから、そのころの私はしょっちゅう今日子さんの後を尾いて回っていたものだ。

私が知り合ったときは、まだ〈文学座〉の所属で、不思議な声とキラキラ輝く大きな目で評判だった。やはり三島さんの戯曲の「サロメ」を〈東横ホール〉で見たときは驚いた。今日子さんに取ってもらった席は前から二番目だった。銀盆の上に預言者ヨカナーンの首を載せて、サロメの今日子さんが〈七色のヴェールの踊り〉を踊る場面で、目の前の今日子さんが、いきなり上半身裸になったのである。私は座席から落ちそうになった。それくらい立派できれいな胸だった。——四十年近くも経ったいまでも、私は今日子さんに逢うとそれを思い出して顔が赤くなり、今日子さんに不審がられている。

つい先だって「夏目家の食卓」というドラマに出てもらった。夏目漱石（本木雅弘）と、漱石夫人・鏡子（宮沢りえ・偶然これもキョウコである）の若い日を描く明治のホームドラマで、今日子さんにお願いしたのは、「坊っちゃん」に出てくる婆やの〈キヨ〉の役だった。私が作るドラマだから、史実と冗談が半々の喜劇である。キヨは漱石がロンドンへ留学すると聞いて、漱石の家へ駆けつけ、真逆様に人力車から転げ落ちる。今日子さんは元気だった。元気できれいだった。——嬉しかった。

今日子さんは私より数歳年上である。——最近の厚生労働省の調べによると、百歳を越した方が日本ではとうとう二万三千人になったという。しかも、その八十五パーセントはご婦人だというから、女はしぶとい。岸田今日子さんにも、長生きしていただいて、百歳の〈サロメ〉の胸を見せてもらいたいものである。

面影

岸恵子さんは、〈面影《おもかげ》〉というゆかしい言葉が似合う最後の人である。

〈面影〉を〈於母影〉とも書くのは、この言葉の中に、母、または母に似た人を恋うる思いが籠められているのだろうか。森鷗外は、明治二十二年に「於母影」と題して西洋の浪漫詩十七篇の翻訳を「国民之友」に発表しているが、そのほとんどはゲーテやゲロック、あるいはバイロンやハイネの恋愛詩だった。たとえばシェッフェルの「笛の音《ね》」の冒頭は、《君をはじめて見てしとき／そのうれしさやいかなりし／むすぶおもひもとけそめて／笛の声とはなりにけり》となっているが、これは、鷗外の訳を落合直文が韻文に書き直したものらしい。いずれにしても、明治のそのころから流行《はや》りはじめた、浪漫的な新体詩である。

もともと〈面影〉は、実際そこにいない人の顔や姿が、幻のように思い浮かぶときに使う言葉である。つまり、遥か遠く離れているとか、死んでしまってもう現世にはいないとか――逢えないからこそ恋しいのだ。『古今集』の紀貫之《きのつらゆき》に、《来し時と恋ひつつをれば夕暮の面影にのみ見えわたるかな》という歌があるように、〈面影〉は、いまにも暮れようとする木の間の薄闇に、ほんのりと白く現れ、束の間ほほ笑んで消えるから美しいのだろう。

私の〈面影〉は、死んだ母でもなく、はじめて恋した人でもなく、――岸惠子さんだから不思議である。しかも、逢おうと思えば逢えないこともないのに――現についこの間もいっしょに仕事をしたのに――私の仄《ほの》かな〈面影〉は、岸惠子さんなのだ。たとえば連想ゲームで〈面影〉と言われたら、私は即座に〈岸惠子〉と答えるに違いない。

その理由を誰にもわかる言葉で説明するのは難しいが、私とおなじ世代の人たちなら、たぶん納得してくれると思う。

不思議な人

黒柳徹子

一年に一晩だけ逢うことになっている。お正月の向田邦子さんのドラマのナレーションを、この十年ずっとやってもらっているのである。二人とも、ちょっと年とった七夕さまだが、録音の日、私は朝からドキドキしている。私にしては珍しく、何を着ていこうかなどと考える。久々の挨拶の言葉を選んだりしている。好きだということである。中也に、《姉らしき色、きみはありにし……》というフレーズがあるが、そんな気持ちとも言える。つまり、私のこの気持ちにはどこか艶っぽい含《はじ》羞《らい》がある。女の人として、この人を好きなのである。

アナ・ブースから聞こえてくる声を目をつぶって聞いていると、向田さんが喋っているのではないかと、ふと思う。声質が似ているというのではない。声に、なんとも懐かしい、落ち着いた時代の匂いがするのである。暗かった、暗かったとみんなは口を揃えて言うけれど、あの時代だってそれほど捨てたものじゃなかったという、不思議な明るさがその声にはある。人生、そんなに悪いことばかりでもないという、健気な呑気さがある。仲が良かったせいか、向田さんとこの人は、そんなところがよく似ている。泣き虫のオプティミストなのである。

録音の前に一時間、終わって一時間、スタジオの隅でインスタントの珈琲を飲みながら、あれこれ脈絡のない世間話をするのが十年来の習慣になって、これが面白く、楽しい。もちろん、二時間のうちほとんどはこの人が喋っている。お蔭で私は合いの手がうまくなった。ついさっきの話から突然飛んで終戦直後のこと、文学論があるかと思えば、近頃のほうれん草の値段の話、談論風発とはこういうのを言うのだろうか。

一人で喋っていると言えば身勝手なようだが、この人の場合だけは違う。むしろ喋りっぱなしでいることで、より相手と深く優しく交流しているのである。だから、こっちはちっとも不満を覚えない。返事も反論も、全部向うがやってくれるのだから、むしろ助かるくらいである。

昔、向田家の留守番電話が、この人の一人喋りでテープが満杯になり、用をなさなくなったことがある。《もしもし、向田さん？　黒柳ですけど。さっき植田さんにお会いしたらね……》ではじまり、テープが切れ、またかけ直して《そしたらね……》とつづき、またテープがなくなって《だけど面白いわよねえ……》とかけ直し、それが十通話に及んで、遂に話は尻切れとんぼで終わったというのである。

話術の天才と人は言うが、〈術〉ではない。この人の話には、女だてらに〈魂〉があるのだ。自分が可愛くて、人が好きで、喋ることがその人を愛することで、だから喋りながら笑い、喋りながら泣いている。これはやっぱり、〈魂〉ということである。

港が見える丘

桜のころになると、きまって思い出す唄がある。その花がちらほら散りはじめると思い出す奴がいる。「港が見える丘」と、死んだ上村一夫《かみむらかずお》である。

普通は〈歌〉と書く。けれど「港が見える丘」は、つい〈唄〉と書いてしまう。なぜだろうと考える。歌と唄はどう違うかというと、字引を引いても何処《どこ》にもそんなことは出ていないが、私の勝手な使い分けでは、唄の方が歌よりも軽く小さく、どこか投げやりで、その分哀しい。どっちかと言えば、唄にはオーケストラよりも、三味線やギターのような手持ちの楽器の方がよく似合う。ついでのことに、無伴奏で鼻歌っぽく唄うのがいちばん感じかもしれない。たとえて言えば、「北の宿から」は歌で「おんなの宿」は唄である。「おんなの宿」をテレビで見ると何だか気恥ずかしくなるが、間口二間《にけん》の場末の店で、くたびれた横顔の流しの歌で聴くと泣きたくなる。泣いてしまう。

おなじように、上村一夫でなければたいていは〈思い出す人〉と書く。けれど上村は〈奴〉である。親しかったからではない。哀しいから〈奴〉なのである。

こうも世の中忙しいと、忘れた人もいるだろうし、若い人たちは知らなくて当たり前かもしれないが、上村一夫は「同棲時代」や「修羅雪姫《しゆらゆきひめ》」で一世を風靡《ふうび》し、昭和六十一年一月十一日、午前一時、手品みたいに一のゾロ目を並べてみせて、煙のように消えて行った人気漫画家だった。こっちが気を使って劇画家と言うと律儀に漫画家と訂正し、画家と言われると、手を振って絵師と言い直した。哀しい漫画を描きまくり、顎の上まで酒に浸り、歯の抜けたあの顔で「港が見える丘」を呟き、そして鼠花火みたいに滑稽に死んでしまった。奔馬《ほんば》性肺癌という言葉がもしあるなら、そんな感じの激しく急な死であった。

他の歌を歌わなかったわけではなかったが、上村一夫と言えば「港が見える丘」だった。この歌を歌うために飲みに行くのではないかと思うくらい歌いたがったし、みんなも聴きたがった。ギターのコードは間違いだらけだったけど、この歌だけは他人の伴奏を嫌がって自分で弾いたし、またそれが絵になっていた。弾き語りというのはこういうことなんだと、私は上村の「港が見える丘」を聴くたびに思ったものである。思い入れ十分に泣くのではない。まるで秘かな猥歌のように、妙にヘラヘラ笑いながら唄うのである。それは、戦後のあのころならどの町にもあった汚いドブ川の水が、品のないネオンの色を映してゆっくり流れて行くような「港が見える丘」だった。

あなたと二人で来た丘は
港が見える丘
色あせた桜ただ一つ
淋しく咲いていた
船の汽笛咽《むせ》び泣けば
チラリホラリと花片《はなびら》
あなたと私にふりかかる
春の午後でした

上村の歌がちょっと変わっていたのは、よく聴いてみると〈あなた〉を〈アンタ〉に、〈私〉を〈アタイ〉と言い換えて歌っているところだった。《……アンタとアタ

イにふりかかる　春の午後でした……》。これが何ともやりきれなくて切ないのである。伏し目がちの純情な女と、少し気の弱い二枚目の男の物語が、いつの間にか、鋭い目つきの、香料よりは機械油の匂いに近い安ポマードで髪を光らせた男と、薄っぺらな花柄のスカートにペンキみたいに真っ赤な唇の女の、自堕落で精液の匂いのする話になってしまっているのである。すると、不良という言葉に、まだ可愛げと、安っぽいけど胸がキュンとなるような甘い痛みがあったあのころの、変に明るい青空が私には見えてくる。「港が見える丘」は、昭和二十二年に平野愛子が歌った歌である。戦後のあのころは、どうしてあんなに空が青かったのだろう。〈アンタ〉も〈アタイ〉も、みんな痩せて、力のない目をして、それなのにどうして空だけが青かったのだろう。上村も歌いながら、それを不思議がってるようだった。上村という奴は、思い切れない別れた女のように、死ぬまで〈あのころ〉に拘《こだわ》っていた奴だった。「あたしたちは、どこかに何か、忘れ物をしてきたんじゃありませんかね？」。上村がだらしなく酔っては呟いていたのを思い出すにつけ、私は、あいつがあの歌をヘラヘラ笑いながら歌っていたのは、戦後私たちがチューインガムのように投げ与えられた、〈自由〉とか〈民主的〉とかいう、銀紙にくるんだ胡散臭《うさん》い熟語を冷笑していたのではないかと、このごろ思うのである。

あのころ何かが始まったのか、それとも何かが終わってしまったのか、私たちにはよく判らなかった。なんとなく納得のいかないまま、後生大事にその質問を抱えて、いまだにうろうろしているのが、私たちの世代なのかもしれない。そのころ私は十二歳、上村はもう少し子供だったはずである。青すぎる空を見上げて、私たちは不安だった。まだ髭も生えてないくせに、〈日本〉ということを確かに考えていた。いまもおなじである。いまもよく判らない。だから私の目には、「港が見える丘」の〈チラリホラリ〉の花片が、爛漫さくら祭の紙吹雪に見えてならないのである。

命がもうじき終わるというとき、私は「港が見える丘」を聴きたい。それを遠くに聴いて小さく首をひねりながら、私は死んで行くだろう。あのころは、いったい何だったのだろう。あれから、私たちは何をしてきたのだろう。死んで灰になってしまうだけではあんまり淋しいから、あの世とやらで上村一夫に会うことでも考えよう。いつもあいつの歌を聴くばかりだったから、たまにはいっしょに歌ってみようか。向うにもギターの一本ぐらいはあるだろう。――窓の外に散りはじめた桜を眺めながら、そう思う。

こんな女に誰がした

たこ八郎の七回忌の案内状がきた。じっとりと湿った葉書だった。ここのところ降りつづいている雨のせいだろう。七回忌ということは六年経ったということだが、もう六年も経ったかとも思わないし、まだそんなものかとも思わなかった。だいたいこの勘定の仕方は少しおかしい。二年で三回忌、六年で七回忌、十二年が十三回忌、感慨に浸る前にいちいち数を一つ引かなければいけない。ついでのことに、私はいろんな出来事をたいがい日本の年号で覚えているから、昭和が平成に変わってずいぶん難儀している。つまり、あれはいまから何年前と考えるときに計算が面倒なのである。昭和の天皇は大好きだったし、未来永劫に生きていて欲しかった。という二つの矛盾に苦労しながら指を折ってみれば、たこ八郎が溺れて死んだのは、昭和六十年の夏だった。

私には、なんだか得体の知れない人だった。〈奴《やつ》〉というほど親しくなかったし、〈男〉というのもちょっと立派すぎて変である。ほどほどに距離があって、いくらか空々しい感じのする〈人〉というのが私には丁度いい。その、得体の知れない人は由利徹が連れてきた。変な奴だ、奇矯な男だという由利徹の解説は面白かったが、本人は髪型以外はさほど変わっているとは見えなかった。可愛がってくれたお婆さんが死んで、その骨《こつ》拾いのとき、まだ熱い骨を食べてしまった話とか、師匠の由利徹が紅茶に入れるレモンを買いにやったら、洗剤のママレモンを買ってきて、客が泡を吹いた話とか、信じられないエピソードの数々と、目の前の当人と、どうもつながって見えないのである。おなじ由利徹の弟子でも、もと京成電車の運転士をやっていたハナ太郎という男の方が、よほどそれらしくておかしかった。無類の浪花節好きで、運転しながら「利根の川風たもとに入れて……」と気持ちよく唸っているうちに、どんどん駅を通過してしまったというのである。

喜劇役者という人もいるが、そうも思わない。タレントというには、おどおどしすぎて他人を楽しませるほどの余裕を持っていなかった。笑われて嬉しそうかというと、悲しそうである。愚鈍でもないし、そのふりをして人生を演じているわけでもない。計算などまるでないのだが、かと言って子供のように素直でもなければ、開き直ってもいない。得体が知れないのである。正直言うと、少し気味が悪かった。妙な言い方だが、江戸川乱歩のフリークス的な意味で不気味に思えてならなかったのである。ずいぶん仕事はいっしょにしたけれど、世間話の一つもした記憶がない。私の方がいけなかったのだろうか。他のみんなは、言葉通り、本当にたこ八郎を愛していたのだろうか。酒の肴にはしょっ中なっていたけれど、酒そのものになったことが、あの人は一度でもあったのだろうか。六年経って、なんとなく肌寒さを感じながら、そう考える。

一度、こんなことがあった。冬の夜だった。テレビ局のトイレに入ろうと思ったら、中で誰かが歌を歌っていた。暗くて無気力で、抑揚というものがあまりない歌だった。たこ八郎の声である。

煙草ふかして　口笛ふいて
あてもない夜の　さすらいに
人は見返る　わが身は細る
町の灯影の　侘しさよ
こんな女に誰がした

（「星の流れに」）

私は、あの人は、本当は女だったのではないかと思う。

花影の人——小林亜星

〈花影の人〉などと言うと、楚々とした美女が、きれいに咲いた藤棚の下に佇《たたず》んでいる姿が思い浮かぶかもしれないが、私の〈花影の人〉は、男である。それも、嘗《かつ》ては体重百十キロを誇った偉丈夫である。——小林亜星さんが、その人である。

意外に思う人もいるだろうが、この人には散りぎわの花の色が似合う。そしてこの人の周りには、季節の名残りの香りが漂っている。その色と香りは、含羞《がんしゅう》の色と香りである。私は亜星さんの含羞が好きだ。いかにも堂々として、ときに威嚇的にさえ見えて、実は伏し目がちの美女のように恥じらうこの人が好きで、私はこの二十五年、つかず離れずいっしょにいたのかもしれない。

この人の目は、いつも恥じらっている。笑うでもなく、悲しむでもなく——その目が恥じらっているように見えるのである。それは、生きていることへの含羞のように私には思われる。こんなに立派な仕事をやってきて、しかも多くの人たちに敬愛されていて——それなのになぜと不思議に思うほど、亜星さんはいつだって自分を恥じている。

この人は快活に見えて、引っ込み思案である。体型に似合わず行動の人と思われているが、実は瞑想の人であり、豪胆に見えて、細心なのだ。そしてその根源を辿《たど》っていくと、含羞に行き当たる。——日々こうして生きていていいのだろうか。人生について多寡《たか》をくってはいないだろうか——亜星さんは、繰り返し自分に問いかける。歩きながら答えを探し、立ち止まって考える。人にはわからなくても、神さまが見ている。だから、この人の含羞は、神への含羞なのだ。

この人が年齢を重ねるごとに、温かく、大きくなっていくのは、だからなのだろう。老人の偏屈にも縁がなく、むしろ少年の輝く眼差しに似たものを私たちが見るのは、この人の含羞のせいだと私は思っている。謙虚とか、礼節とかいうのではなく、そこにいるだけで私たちを花の香りで包んでくれるのである。そして私は、この人に素直に笑いかけ、笑い返してもらって嬉しくなる。ふと気がつくと、私もこの人の前に立って恥じらっているのだ。——花影の幸せである。

虎疫は殺せ汝が夫を――美輪明宏

　昭和二年の夏に自死した芥川が遺した「澄江堂遺珠」に、《夏》というたった四行の、戯《ざ》れ唄といっていいほどの歌がある。研究家によると、どうも大正十年ごろの作らしいというが、ノートの走り書きみたいなものなので、詳しくはわからない。ただ私は、これを読む度に、衿元から冷水を注がれたように、胸が冷たくなるのだ。それは最晩年の「点鬼簿」や「歯車」などの怖さとはちょっと違う――たとえて言えば、鏡花の「沼夫人」の沼の底から、とぎれとぎれに聞こえてくる狂笑のように思われるのだ。それは、芥川の自死の季節が、時代が大正から昭和に変わって、はじめての夏だったからかもしれない。

微風《びふう》は散らせ柚《ゆ》の花を
金魚は泳げ水の上《へ》を
汝《な》は弄《もてあそ》べ画団扇《えうちわ》を

虎疫《コロリ》は殺せ汝が夫《つま》を

暗緑色の沼の声が、美輪さんの声だと思うようになったのは、いつごろからだったろうか。この歌を、美輪さんが投げやりに呟《つぶや》いたら、私はその場に失神してしまいそうで、怖い。ある人はこの声をポーの「大鴉」の、《Nevermore!》という叫びと聞くだろう。またある人には、狭斜の片隅に死にかけた売笑婦の、今際《いまわ》の呻きに聞こえるかもしれない。けれど私はその声の中に、遠い昔の、母の子守唄の懐かしさを聞いてしまうのだ。私や美輪さんが生まれ育った昭和のはじめには、家の中の薄暗がりや、町の露地の奥に、そんな怨みがましくも懐かしい声が潜んでいたものだ。それはたぶん、芥川が死ぬことばかり思いつめていた、大正の声の残響だったのだと思う。私たちは大正に生きてはいなかったが、大正の残響と残り香の中に子供時代を送った世代である。身の周りにあったものや、町の風景は、ほとんど前の時代にもあったものたちだった。箪笥《たんす》の鈍い輝きも、柱時計の発条《ばね》のほどけていく音も、白い障子に映った八ツ手の葉の、心細い仄《ほの》揺れも、母の着物の胸の辺りに漂っていたナフタリンの匂いも——それらはみんな、《虎疫は殺せ汝が夫を》の親戚たちだった。——美輪さんは、いつも、アズナヴールやピアフの声を借りて、亡《ほろ》びてしまったあの時代の匂いを歌っている。

この、大正からやってきた幻術師をはじめて見たのは、まだ彼が白陶器みたいな頬に、色とりどりの街のネオンを映していた少年のころだった。《銀巴里《ぎんパリ》》の煙草の煙の紗幕の向うで、幻術使いの魔少年は、煤《すす》けた天井の薄闇に目を泳がせながら歌っていた。昭和二十九年の桜のころ、彼は丸山臣吾という名で、痩せた十九歳だった。そのころはまだ、銀座でも一辻裏へ入ると、戦災で焼けたビルの焦げた壁が生々しく残っていたし、その日の風の具合では、月島の方から動物の脂の焼けた匂いが匂ってきたものだ。——あのころ、私は考えたことがある。「第三の男」のウィーンでは、夜の下水道の暗渠《あんきょ》の中をオーソン・ウェルズが走り、東京では腐った野菜と安香水の匂う貧しい店で、丸山臣吾が過ぎ去った時代への挽歌《ばんか》を歌っている。国中が痩せた胸を精一杯張り、見えつ隠れつする頼りない希望を追いかけていたときに、私の魔少年は、そんなものには見向きもせず、吐き捨てるように売笑婦たちへのオマージュを呟いていたのだった。

この先いつまで生きたって、私はあんなに美しい少年を見ることはないだろう。それでも、《銀巴里》での幾夜かの幻を見ただけでも、私は幸福だと思っていた。ところが、つい先だって、ふとした機会に、私は「猟人日記」という古い映画の中で、《銀巴里》で歌っている彼の姿を見つけたのである。少し前に「大いなる幻影」で乱歩賞を受賞した戸川昌子さんの原作を、鬼才中平康《なかひらこう》が映画化したものだった。少年の名は丸山明宏になっていたが、その美しさは、私の十九の春のころと、ちっとも変わっていなかった。四十数年の年月を経て、幻はほんの束の間蘇って、薄闇の中に消えた。

傷だらけのフィルムで、画面も音もぼんやりわかり難かったが、私の目には、少年の濡れた唇が、《……汝は弄べ画団扇を／虎疫は殺せ汝が夫を》と動いているように見えるのだった。

沢田研二という日蝕は起るだろうか

本人の好むと好まざるとにかかわらず、大衆が悲劇を期待し、神秘の深い霧がその周りに立ちこめることを歓び、できることならほんの少し背徳と頽廃《たいはい》の香りがそこに漂うことを望む――そんな風に言わば宿命づけられた妖しい星が何十年に一度、大空に現われることがある。ほとんどの日常的な事象は、彼の周囲から日毎に稀薄になって行き、その代り妖美な伝説が次第にその数を増して行く。大衆がいつの世にも心ひそかに待望しているのは、星と言っても不吉な星、灰色の夜空に一筋の光《こう》芒《ぼう》を曳いて現れる彗星《すいせい》であり、太陽ではなくて、何かに犯された太陽、白昼夢にも似た日蝕なのだ。つまり本当に選ばれた、奇蹟に近いスーパースターとは、背徳の彗星であり、病んだ日蝕でなければならない。

一九二〇年、突然ハリウッドにひとつの妖星が出現した。彼は五年の間に、美しい円卓の騎士やロシアの貴族、華麗な斗牛士《とうぎゅうし》たちに変身し、三十一才で夭折した。いまもなお暗い伝説の消えることのないこの星の名は、ルドルフ・ヴァレンチノと言う。半世紀の後、フランスに日蝕がはじまる。「太陽がいっぱい」という象徴的なタイトルを背負って、外人部隊帰りの青年が彫りの深い美貌を翳らせて現れたとき、大衆は何やら不吉な予兆に心を躍らせた。続いて「若者のすべて」、「太陽はひとりぼっち」、「地下室のメロディー」と、フランスの妖星アラン・ドロンは、今日まで少しうつ向き気味に伝説の森へと歩き続けている。犯罪の匂いのたちこめるあのマルコヴィッチ事件でさえ、彼の神秘と伝説のために奉仕したとしか言いようがない。

日蝕の色は、宿命に似ている。努力とか精進とか、およそ人間的なそして後天的なものをすべて超えたところに日蝕ははじまる。そうなるべく運命づけられた者以外には、決して許されないのが日蝕の特権なのだ。雰囲気とか予感とか、曖昧で、しかしミステリアスな条件こそがすべての条件であり、道徳とか規律とか、ヒューマニティとか、日常生活の上での人間の条件は、むしろ日蝕にとっては邪魔になる。更に言うなら、魔的なものを背負った美しい青年、それこそが大衆が待ち望んでいる大空の日蝕なのだ。そして太陽はひとつしかあり得ない。われわれは二つあり得るものに憧れることはしないだろう。運命的にたったひとつのもの――沢田研二は昭和五十年の天空にはじまろうとする皆既日蝕なのだ。

スターの絶対条件でありながら、いまのスターがただの一人も持っていないもの、それが〈魔〉性である。日常的な次元で、親近感というなまぬるい空気を母体にした現在のスターと言われる者たちは、実は全くスターではない。スターとはもっと冷酷で、もっと鋭利で、それ故にもっと美しい〈魔〉でなくてはならない。大衆がいつでもポンと肩を叩けそうな、呼びかければふり向いて答えてくれそうなスターは、実はスターではない。親近感こそは、最も非スターの条件であることを、今われわれは知らなければならない。実体は遠い遠いところに、甘美な霧につつまれていながら、それだけに大衆の心が熱く熱く燃え上る、その魔的な存在こそが、本当のスターであることを、もっと知らなければならない。つまり大衆の温度と、実体との距離は、実は反比例するものなのだ。このロジックを忘れたところに、決してスーパースターは誕生し得ない。しかし間違って貰いたくない。いまのスターたちがスーパースターでない事実を、この方法論の誤りを犯しているからであるとするのは早計である。なぜなら彼らは、宿命的に素材としてスーパースターではないからだ。親近感の上にあぐらをかいて、彼らは月並みのスターで良いのだ。そもそも魔的でないものが、魔になれるわけがない。それは運命の違いであって、方法論の誤謬《ごびゅう》ではない。そして今、魔になることのできる青年がたった一人いる。彼は幸運にも、今日まで日常性という微温湯に肌を浸すことを免れて来ている。家族といっしょの写真を大衆が目にしたこともないし、起居している部屋の見取図も私生活のタイムテーブルも公表されることがなかった。なんとなく神秘のベールが彼の周りにかすかに揺れているようにも見える。これだけでも、露出的な多くのスター達と比べればはるかに幸運な状況にいると言うことができる。だがこれは言わば最低の条件に過ぎないのだ。「見えない」あるいは「見せない」というのは〈魔〉の消極的な条件であって、決して積極的な姿勢とは言えない。魔は、已が魔であることを主張したとき、はじめて魅惑的な〈魔〉に変貌《へんぼう》する。だから、現在のところこの青年はまだ〈魔〉の胚胎《はいたい》でしかない。可能性でしかない。沢田研二が〈魔〉つまりスーパースターになるかどうか、ひとつの輝かしい可能性が、ゆるぎもない存在となるかどうか、鮮かな巨大な彗星となるか、凡庸な満天の星のひとつに終るか、恐らく半世紀に一人現れるかどうかという稀有の素材は、いま大衆がまばたきもせず見つめる中で、断崖ぎりぎりに立っていると言えよう。

十階のモスキート

内田裕也について書いたり喋ったりするには、度胸と細心の注意と、その上に相当の覚悟が要る。小さな雑誌の片隅に、ほんの五十字ほどの字数でこっそり書いても、あるいは口の固い身内だけの席でふと一言彼について洩らしても、三日も経たないうちに、当人の耳に入っているからである。そのことについてクレームが来るわけではない。ただ、読んだとか、聞いたとかいうことだけが、それとなく人を通じて当方に伝わってくるのだ。怒っているとも、笑っていたとも、その辺のところは解らない。解らないから尚のこと、無言の圧迫感にギクッとする。何か気に障ることを書いただろうか。口にしただろうか。——そんな謂《いわ》れのない不思議な圧力に怯《おび》えることが、もう三十数年もつづいている。

内田裕也とは一年に一度だけ会う。というよりは、一年に一度しか会わないことにしている。触らぬ神に祟《たた》りはないからである。どこがどう面倒なのかは上手く言えないが、どちらかと言えば顔を合わせない方が無難なのだ。だいたい世間の人は、私と同じように思っているらしいが、そう考えるのも、あまり根拠のあることではなく、気配に過ぎない。私は毎年大晦日になると、お酒を三本下げて彼の主宰するロックコンサートへ出かける。この何年かは浅草の〈ロック座〉に落ち着いているが、その前は晴海の埠頭だったり、浅草国際劇場だったり、もっと昔の昭和四十年代は、渋谷の〈西武劇場〉なんかを転々としていた。当時のロックンロール族は、醇風美俗《じゅんぷうびぞく》に相応《ふさわ》しくないとのことで、大抵の劇場から不当に締め出されていたのである。

〈ロック座〉の楽屋は大変な混雑だ。みんな革のコートや黒装束で髪が長く、老若もいろいろで誰が誰だか解らない。そうした黒い人間たちの渦の真ん中に〈総帥〉がソファに埋もれている。背後にも足元にも一升罎が林立して、彼は白髪白髯の酒仙のように決まっているが、周囲は飲んでいても〈ロックの神様〉だけは素面《しらふ》なのが不思議である。恒例の年越しのカウントダウンが終わるまで、つまり新しい年が明けるまで、彼は律儀に酒を口にしない。それが彼の信条であり、矜持《きょうじ》であり、ロックンロールの魂なのである。

雛段に例えれば、内田裕也の両脇には、〈右近の橘〉と〈左近の桜〉よろしく、ジョー山中と安岡力也が控えて壮観である。ヤクザ一家に例えれば、代貸と若頭といったところだろうか。このアナーキーで美学的な構図は、過去二十年来変わっていない。このごろ滅多に見かけない〈男たちの世界〉の匂いがプンプン立ち籠めている。もしジョーや力也が危難に遭っていると聞いたら、内田裕也は深紅の扱帯《しごき》を風に翻《ひるがえ》して、高田馬場へ走るだろうし、裕也が襲われていると知れば、この二人は何の躊躇《ためら》いもなく現場に駆けつけて、あっさり命を捨てるに違いない。これは物の譬《たと》えではなく、正気の話である。

内田裕也の交遊関係は非常識に広く、また深いから、年に一度の〈ニューイヤーロックフェスティバル〉の楽屋周辺は、無数の彼の〈友だち〉で芋の子を洗うような混雑なのだが、彼は律儀にその全ての人たちを私に紹介しようとする。一人一人、氏名に身分、経歴から係累まで詳細に説明してくれる。それが彼の考える気遣いであり、礼節なのだ。とてもではないが、憶えきれない。その都度の握手で掌が痛くなる。相手は音楽関係、映画テレビ関係、服飾、美術業界から文筆出版関連、大道芸人から木遣《きや》り社中、錺《かざり》職人がいるかと思えば、頬に疵《きず》のあるヤバい男もいる。浅草署の刑事にフーテン娘もいて、ゴッタ煮の一夜だった。〈御大《おんたい》〉は知らない同士が親しくなっていくのが、いかにも嬉しそうに目を細めている。この一夜、〈ロックンロール〉というキイワードでみんなが結ばれているのに満悦しているのである。

内田裕也はそんな風に単純で、解り易い男なのだ。

何にしても人間関係に臆病なくらい神経質だ。あちら立てれば、こちらは立たない場合にも、彼は何とか両方立てようと死に物狂いになる。無理だと言っても聞かない。だから可愛い娘の也哉子《ややこ》と、本木雅弘との結婚披露を明治記念館でやったときは、招待客の顔触れとその席順で、女房の樹木希林さんと二人で血みどろの騒ぎになった。会場の都合で人数に制限がある。女房の方は亭主を立てて遠慮して、ごく控え目な招待客だったが、裕也側は非常識な〈友だち〉の数である。二日二晩モメて、当日の朝になってまだ結論が出なかった。草臥《くたび》れ果てて、新婦の両親はその日一日、腑抜《ふぬ》けのようになっていた。

披露宴の引出物は、菊の御紋の入った金色の文鎮と、赤い唐傘《からかさ》だった。意味はよく解らなかったが、小粋なものだった。宴がお開きになった午後三時ごろ、折りよく杉木立を縫って、パラパラと夕立がやってきた。玄関口から出た客たちは、一斉に引出物の傘を開いた。新緑の中に、唐傘の赤がきれいだった。——一度〈也哉子〉のことを〈哉也子〉と書き間違えて、希林さんに厳しく叱られたことがある。裕也が知ったら大変なことになるという。裕也の〈也〉の方が先なのである。

ジョーと力也だけは〈アンちゃん〉と言うが、大方の連中は彼のことを〈裕也さん〉と呼ぶ。沢田研二もビートたけしも、死んだ松田優作も〈裕也さん〉だった。娘の也哉子も婿の本木も〈裕也さん〉だから面白い。〈裕也ちゃん〉と懐かしげに呼びかけるのは、渡辺プロ会長の美佐さんで、「ジイジ！」と怒鳴りつけるのは、〈雅楽《うた》〉と〈伽羅《きやら》〉という風雅な名の孫たちである。〈裕也〉と呼び捨てにするのは、渡辺プロ時代に〈ダブル・ビーツ〉というペアを組んで歌っていた田川ジョージぐらいのもので、偶《たま》に若いロッカーなどが、阿《おもね》って〈御大〉とか〈大将〉とか呼ぶと、当人に三白眼で睨まれて黙る。だから男も女も〈裕也さん〉である。

私は何と呼ぶかと言うと、いろいろ考えた末、名前を呼ばないことにしている。何と呼んでも角が立ちそうに思われるのだ。蔭では年長の特権で〈内田裕也〉と言っている。まあ、一種の呼び捨てである。すると時々、尊敬される。あんな凄い人を呼び捨てにするのだから、もっと偉い人かと思われるのだろう。それなら裕也の方はどうかというと、全人類なべて〈さん〉である。この平等主義は気持ちがよかった。相手がフジテレビの日枝会長でも、〈会長〉ではなく〈日枝さん〉なのだ。時に年若の人にも〈さん〉を付けて気味悪がられる。

三十年ほど前に、内田裕也が「週刊プレイボーイ」に、交友録を書いたことがある。見開き四ページに、無慮《むりよ》数十人に及ぶ人物が登場して壮観だったが、それぞれの人に付ける敬称が、いかにも裕也らしくユニークで、ほとんど感動した。例えば〈キョードー東京〉のプロモーターの永島達司さんなら〈永島氏〉だった。勝新太郎さんは〈勝さん〉、オノ・ヨーコさんは〈オノ・ヨーコ女史〉で、旧友の田辺昭知は〈昭ちゃん〉、たけしは〈タケチャンマン〉で、沢田研二は〈沢田選手〉と、その気配りの利いた使い分けが見事だった。いまでも忘れられない、友情に溢れた名文だった。

長幼の序を重んじると共に、体育会系の上下関係にも厳しいものがあった。数十組が出演する〈ニューイヤーロックフェスティバル〉の演奏順にしても、デビュー年も、参加回数も心得た上での差配だから、一切苦情は出ない。ただ、彼の上下感覚には、多分に山下清の〈兵隊の位〉的なところがあって、面食らうことが屢々《しばしば》ある。あるとき、こんなことがあった。——六本木に〈パブ・カーディナル〉というスコットランド風のパブがあって、私は内田裕也とある日その店にいた。私よりも、裕也よりも年若のある男が、偶々《たまたま》入ってきた。そのころ、私がやっていた「悪魔のようなあいつ」というドラマで、私はその男にちょっとした不義理をしていたので、私は立って彼の席へいって頭を下げて挨拶した。その途端、裕也から猛烈なクレームがついた。「自分はかねてから、あなた（私のこと）に敬意を払って接している。

そのあなたがあの男に頭を下げるということは、自分もそうした態度をとらなければならないことになる。自分はあの男に何の借りも義理もない。むしろ見下《みお》ろしている。したがって、あの男に頭を下げられては困る」——これが裕也の筋道だった。私は言った。「あなた（裕也のこと）と私の関係と、私とあの男の関係は別物である。二者の関係の中に、突然第三者が入ってきて、上下関係を統一しろと言われても、できないこともある」——これが裕也には納得できない。顔色が変わっていた。

こんなこともあった。裕也が新宿のゴールデン街で飲んでいた。隣りのテーブルで盛り上がっていたテレビ関係の男が、何かのついでに私の悪口を言ったらしい。それが裕也の耳に聞こえた。逆上した裕也がいきなりその男に摑みかかった。二人は縺《もつ》れて、裕也はガラス戸に腕を突っ込んで血塗《ちまみ》れになった。翌日その話を聞いて、私は涙ぐみながら迷惑だと思った。——それが内田裕也の〈友情〉なのである。

「時間ですよ」という番組をやっていたころ、裕也から電話があってリハーサルを見学したいと言う。その晩、彼と悠木千帆（いまの樹木希林）さんは初めて会った。その日のうちにそうなったらしい。そんな縁で、七三年十月、築地本願寺で行なわれた彼らの仏前結婚式に、私は〈立会人〉として列席することになった。〈媒酌人〉は立てず、〈総括立会人〉がかまやつひろし、新郎側が沢田研二、新婦側が私という〈三人立会人制〉であった。意味はよく解らなかったが、三人とも厳粛な気持ちで、仏前に新郎新婦を挟んで並んだ。取材のカメラのフラッシュが眩しかった。次の朝のスポーツ紙に、軒並み写真が載った。左から順に、沢田、裕也、かまやつ、悠木千帆——右端にいたはずの私は、タキシードの肩しか写っていなかった。

その夜、中野公会堂で開かれた〈沢田研二リサイタル〉に、新夫妻と私はいった。リサイタルの中ごろ、沢田に呼ばれて裕也が舞台に上がった。掛け合いの《If You're Looking For Trouble》が始まった。潤んだ目と目を見交わして、男と男の何とも色っぽいステージだった。あの夜の内田裕也は、ほんとうに嬉しそうだった。

何でモメるのかは知らないが、夫妻は結婚当初からモメにモメて、爾来三十数年、二人で〈The Troublers〉というデュオをやっている。——あのころは夜中によく電話がかかってきたものだ。午前三時ごろ電話を取ると、裕也が殺気立った声で「すぐ来てください」と言う。遥か遠くで、私の名を呼ぶ千帆の泣き声が聞こえる。私は兎《と》に角《かく》、着替えてタクシーに乗る。〈立会人〉の義理である。代々木上原のアパートの四階でエレベーターを降りると、降りた目の前のフロアに、そのころ流行っていたロンドンブーツの、折れたヒールが一つ転がっている。〈trouble〉の痕跡である。開けっ放しのドアを入ると、髪振り乱した両人が、肩で大きな息をつき、蒼ざめて対峙《たいじ》している。「まあまあまあ」と中に入って三人でミーティングが始まる。これが毎度、朝の九時ごろまでつづく。

私はいつも思った。どうして私だけが呼ばれるのだろう。公平に、新郎側立会人の沢田も呼んで欲しいものだ。――亭主はひたすら怒鳴り、女房は泣きながら、その合間に寸鉄人を刺すような、痛烈な一矢《いっし》を放つ。怒髪天《どはってん》を衝《つ》くとはよく言ったもので、本当に二人の髪は逆立って、まるで連獅子を踊っているようだ。九時になると、テーブルを挟んだ二人の間の電話が鳴る。一般社会の始業時である。雌獅子が受話器を取る。いままで泣き叫んでいたのが嘘のように、女房は愛想よく、「あ、例の物件ね、あれ、もう少しキープさせてくれません？」――相手は不動産業者である。女房の実益を兼ねた趣味は、不動産の売買だったのである。折しも、部屋に燦々《さんさん》と朝日が射す。三人はガックリ白ける。

内田裕也は可憐なテロリストである。いつだって、あの炯々《けいけい》とした危険な目で、標的を狙っている。ウカウカ眺めているわけにはいかない。いつ銃口がこっちを向くか知れないからだ。私が大晦日しか彼に会いにいかないのは、いくら何でもニューイヤー前夜ぐらいは私を撃たないだろうと思うからなのだ。それでも私は、背中で怯えながら、〈ロック座〉の階段を小走りに駆け降りる。

縦縞の紺のスーツの胸に紅い花を一輪飾ったテロリストがいる。「エロティックな関係」だったか「十階のモスキート」だったか忘れたが、バーバリーのレインコートのポケットに両手を無造作に突っ込み、廊下をほんの少し揺れながら、真っすぐにこっちへ歩いてきた内田裕也を、私は忘れない。彼はタイトに束ねられた赤い花束を小脇に、まるで機関銃みたいに手挟《たばさ》んでいた。

ついでに言うと、この国で〈私立探偵〉という役を完璧にやってのけるだろう俳優は、内田裕也一人である。レイモンド・チャンドラーは、てっきり裕也をモデルにしてフィリップ・マーロウを創ったのかと思ったことがあるが、調べてみたら、まるで年代が違っていた。チャンドラーが、〈The Big Sleep〉で、初めてマーロウを世に送り出したのは、一九三九年だったが、裕也はちょうどその年に西宮で生れている。あの有名な《If I wasn't hard, I wouldn't be alive. If I couldn't ever be gentle, I wouldn't deserve to be alive》（hard でなければ生きていけない。gentle でなければ生きていく資格がない）という名台詞は、裕也のために用意された台詞としか思えない。映画「三つ数えろ」は、チャンドラーの〈The Big Sleep〉をハワード・ホークスが第二次大戦後すぐに、ハンフリー・ボガートとローレン・バコールで作ったものだが、私が見た映画の裕也はボギーよりもずっと、よれよれの探偵のコートが似合っていた。――因《ちな》みに内田裕也の映画のベストスリーをここに挙げるなら、私が選ぶのは「嗚呼！おんなたち　猥歌」「十階のモスキート」「コミック雑誌なんかいらない！」の三作に、次点が「水のないプール」である。

裕也が主演した「十階のモスキート」はセンスがあって、なかなか面白い映画だった。この洒落たタイトルは裕也自身がつけたものだが、彼はそのころ、青山の九階建ての痩せたビルの屋上に乗っかった、物置小屋風のプレハブに一人で棲んでいた。一度訪ねたことがあるが、台風でもくれば簡単に吹っ飛びそうな、建て付けの悪い情けない小屋だった。その中に、顔色の悪い一匹のモスキート（蚊）が、息を潜めている。ドアを開けると、入り口から奥のベッドまで、床いっぱいに広がった衣裳の海で、そこを渡ると足が膝まで沈む。シャツにジャンパーにコートにネッカチーフ――他にこの部屋には、家具什器の類いは一切ない。その日私は、衣裳の山の底から掘り出した革ジャンを彼に貰《もら》った。アメリカ西海岸の古着屋で見つけてきた、背中から胸にかけて、星条旗が翻るド派手なデザインだった。折角だったが、恥ずかしくて一度も着なかった。

裕也の私立探偵には、沢田研二が歌う「探偵～哀しきチェイサー」という歌がよく似合う。ヤクザ紛《まが》いのモスキートみたいな、街の探偵の歌である。《何げないしあわせの裏に／ひそんでいる罪の色を／得意げにあばきたてたあと／この胸は重くなる》《夜の闇の中を／犬のようにはいずり／むくわれないよ／ひんやりと重いコルト／抱きしめ酔いつぶれ／哀しきチェイサー》《探偵が見る夢は／ドクターが見捨てたひとの／強がりやすすり泣き／俺もまた捨てられたひとりか》——まるで裕也の独白《モノローグ》のようではないか。そして沢田は、〈裕也さん〉の背中に囁きかけるように「哀しきチェイサー」を歌う。沢田研二は裕也が五十年来、誰よりも愛する男なのである。思い出してみれば、結成当初の〈タイガース〉は、〈内田裕也とザ・タイガース〉であった。——そう言えば、沢田の古いアルバムに「湯屋さん」という可愛らしい歌がある。

九階建てのビルの〈十階〉に棲んでいたころからこっち、彼がどこで、どうやって生きているかも知らない。噂にも聞かないし、女の匂いも匂ってこない。東京のどこか片隅で「ロッキンロール！」と呟きながら、油の沁みた布切れで銀色の狙撃銃を磨いているのだろう。彼は〈ロックンロール〉のことを〈ロッキンロール〉と発音する。彼が以前講談社から出した本は『俺はロッキンローラー』だった。けれど私には、それが〈ロッケンロール〉に聞こえる。彼の〈rock'n〉は、〈rock'in〉

よりは寧《むし》ろ〈rock'en〉なのである。彼が出演した映画の録音技師に聞いた話だが、裕也は監督の「ヨーイ」の声が掛かると、圧《お》し殺した声で激しく「ロッケンロール！」と吐き出して演技に入るという。それが全部録音されている。通俗に言えば〈気合い〉なのだろうが、彼はそうやって自分を高揚させ、魂を鼓舞して〈本番〉という〈敵〉に挑むのだ。彼の〈結婚〉もそうだった。裕也は悠木千帆という、神がかりの〈不思議〉に挑んだのだと思う。お互い、その高揚は愛と名付けるに相応しいものだったが、勝負の決着はまだついていないようだ。——東京都知事選もそうだった。得体の知れないモヤモヤしたものを見ると、彼の魂が「ロッケンロール！」と叫び、体が白熱して闇雲に飛んでいってしまうのだ。

人はそれを〈狂気〉と言う。裕也の場合、〈狂気〉は〈凶器〉でもあり〈侠気〉でもある。いずれにしてもヤバいフレーズの数々を、彼は見境なくその身につけている。半世紀の間、私の知っている裕也は、いつだってそうだった。そして年月は過ぎ、内田裕也の〈狂気〉は精神の意匠ではなく、一つの〈ファッション〉にまでなってしまった。それが裕也の、余人には真似のできない〈凄さ〉なのだ。

夕暮れ、渋谷の街が夕焼けると、裕也のことを想うことがある。北原白秋は病気みたいに日暮れの歌ばかり書いたが、なぜかそれらの歌は、どれをとっても裕也に似合い過ぎるくらいよく似合う。《コロガセ、コロガセ、ビール樽、／赤イ落日《いりひ》ノナダラ坂、／トメテモトマラヌモノナラバ／コロガセ、コロガセ、ビール樽。》――《にくいあん畜生は紺屋《こうや》のおろく、／猫を擁《かか》へて夕日の浜を／知らぬ顔して、しやなしやなと。》――《金《きん》の入日に繻子《しゅす》の黒――／黒い喪服を身につけて、／いとつつましうひとはゆく。／海のあなたの故郷《ふるさと》は今日も入日のさみしかろ。》――夕焼けは〈ユウヤケ〉である。

裕也が死んだという噂だけは、聞きたくない。私にもし、彼への友情の欠片《かけら》があるとすれば――それだけである。

演じる人

役者——沢村田之助と森光子

こんな幻を見ることがある。——障子窓の隙間からわずかに射し込む星の光の中を、誰かが畳を這《は》っていく。荒い息遣いと畳を擦っていく音が聞こえるだけで、あとはしんと静まり返った薄墨の夏の夜である。あの、もどかしいくらいに動きの遅い黒い影は、いったい男なのだろうか。それとも女なのだろうか。やがて影は、部屋の隅に辿《たど》り着き、そこにある古い鏡台に抱きつくように這い上がり、濃紫の掛け布の端を、どうしたことか唇にくわえて払い落とし、現れた蒼い鏡面に映った自分の顔に見入るのだった。身震いするような、艶な顔である。深い怨みの色をたたえた、湖に似た目である。世の中の、濁りに濁ったたくさんのものを見尽くした果てに、この目は、こんなに澄みきってしまったのかもしれない。鏡の中に一すじ、星が流れる。まるで夜空に銀の砂を撒き散らしたような星屑《ほしくず》の一つが、いま命絶えて闇の底に落ちたのである。けれど、その目は星なんか見てはいなかった。ただ、自分だけを見ていた。

鏡の中に蛍火のように浮かんだ顔に、ある女の貌《かお》が重なって見えることがある。一つの幻が、またもう一つ、不思議な白い幻を呼び寄せるのだろうか。女の顔に見覚えがある。たしかどこかですれ違った顔である。すれ違ったのではない。煙《けぶ》るような雨の朝、芳醇で妖しい花の匂いに誘われて、ふと振り返ったら、私に向って笑ってくれた顔だった。それとも、牡丹雪の夜、硝子窓の向うにぼんやりと一晩中ただよっていた、顔だけの雪女郎がこの人だったろうか。よくわからない。ただ、これだけは言える。――その女の顔を想うと、私は何だか泣きたくなってしまうのだ。私の周りの人という人が、どんどん遠くなり、この人だけがたった一人残ってくれたように思えて、すがりつきたいくらいに狂おしい気持ちになるのだ。そして幻の女は、木枯らしのように私の耳に囁いて消える。――あなたも独り、あたしも独り。

幻の正体を教えよう。はじめの幻は、明治初年の名女形で有名だった三代目・沢村田之助、その顔の奥から蛍のように現れる幻の女は、「放浪記」の森光子である。

三代目田之助は、晩年、両手両足のない体で舞台を勤めた美貌の役者だった。私がはじめてこの役者のことを知ったのは、中学生のころ読んだ舟橋聖一の「田之助紅」という小説の中でだった。その後、杉本苑子の「女形の歯」や皆川博子の「花闇」などの作品にも出てきたが、この田之助という女形は恐ろしい役者である。慶応三年、二十三の若さでまず右足を腿《もも》のあたりから切り、三年後に左足が失くなり、その後、右手左手の順に手術を重ねて達磨の姿になっても舞台に立って、明治十一年七夕の夜に、三十四歳で死ぬ寸前まで、「廓文章」の夕霧や「切られ与三《よさ》」のお富をやったというから怖い。病気はエノケンとおなじ脱疽《だっそ》である。壊疽《えそ》ともいって、ちょっとした手足の怪我などが因で、体の末端からだんだん腐っていくという。そんな悲しい病気に罹《かか》っても、白粉《おしろい》を塗り、唇を染め、青い眉を引いて、女になろうとする役者とは何なのだろうか。十五歳の私は、「田之助紅」の妖美の女形に、乱歩の「芋虫」の男の姿を重ねて、一人で慄えたのを憶えている。

三代目田之助については、明治のころの話だから様々な挿話が残っている。手足がないのに苛立《いらだ》って、気に入らないことがあると人に嚙みついたとか、死が近づいたころは恬淡《てんたん》としていて、《三日月のその片割れを尋ぬれば、日本支那にも天竺にもなし》というふざけ半分の歌を詠んだとか、そうかと思うと死ぬのを怖がって子供のように泣いたという話も聞く。どれもほんとうだと思う。誰だって自分の体が少しずつ消えていくのを見ていれば、そうなる。人と生まれれば、いつかは体が消えて失くなるとは思っていても、何年もの間、一つずつ目に見えなくなっていく自分の体の部分を思って、田之助はいったいどんな気持ちだったろう。気の小さい私なら、もっとずっと早くに狂ってしまっている。

何かを次々と失いながら、その分美しく装い、顔いっぱいで笑い、魂を中空に飛ばせて人を幻に誘うのが役者である。因果という名の、ひたすらに美しい衣裳を身に纏《まと》って、脚光の中に立ってみせるのが役者である。田之助の両手両足のように、失うものはみんなかけ替えのない、大声で叫びたくなるくらいに大切なものである。一度この手を離れたら、二度と還ってくることのない、珠のようなものである。信じられない話だが、ヘボンという横浜の外科医が田之助の右足を切断したとき、田之助は麻酔を拒んだという。あまりの痛さに気が遠くなりながら、いったい彼は目の裏に何を見たのだろう。寒々とどこまでもつづく荒野だろうか。私はそうは思わない。彼が見ていたのは、きっとこの世のものとは思えない、壮麗な落日だったに違いない。それは、たまらなく悲しい色に染められてはいるが、痛みを知り、痛みの末に一本の足を失った者だけが見ることのできる、美しい落日なのである。

舞台に立っている森光子を見ていると、私はその背にいつもそんな落日の輝きを見る。そして私は、束の間の幻に誘われていく。森光子の唇から一言の台詞が洩れるたびに、私には一粒の鈍色《にび》の珠が、足元に零《こぼ》れ落ちるのが見える。この人が涙を流せば、その体から何か途方もなく大きなものが脱け出ていくような気がする。この人が華やかに笑うと、そのたびに、大きな椿の花がポトリと落ち、やがて舞台は一面の落椿《おちつばき》になる。その落椿の一つ一つが、田之助の足であり、手なのだ。そうしてひとときの幻の中に、この人が長い長い月日のうちに、一つずつ失くしてきたものが、私には見えてくる。

芝居を観ての帰り道、私たちが胸の中に持って帰るのは、さっき見た落日である。役者が血を吐きながら切って落とした、手や足への熱い思いである。そして役者は、今日も何かを失い、その代り、ひとときの幻となって舞台に蘇り、落日という大輪の花となって咲き狂うのである。

森光子は、役者である。

私を泣かせた柄本明

五十代にさしかかったころ、涙もろくなった。本を読んでも映画を見ても、すぐに目の縁《ふち》が濡れてきて困った。ところが、そんな時期が十年ほどつづくと、こんどは滅多なことでは泣かなくなった。たぶんそれは年のせいだ。この先の限られた時間を思うと、感情が崩れるのが口惜しくて、自分で抵抗してしまうのだ。——それが、久しぶりに泣いた。それも、自分で撮ったドラマを見て泣いたのだから世話はないが、私を泣かせたのは柄本明だった。

川上弘美さんの「センセイの鞄」を撮ることになって、〈センセイ〉を誰にしようかでずいぶん迷った。〈月子さん〉の方は小泉今日子で決まっていたが、町の居酒屋でたまたま二十年ぶりに出会った、高校時代の国語の先生と恋に落ちる話だから、この配役は難しい。二人の間に三十五歳の年の差があるということは、〈センセイ〉七十歳くらいである。昔気質《かたぎ》で枯淡の味があり、地味な教養が伴い、それでいて色気がなくてはならない。イメージとしては、佐分利信《さぶりしん》と笠智衆《りゅうちしゅう》と中村伸郎《なかむらのぶお》のスリー・ミックスだが、そんな人がいるわけがない。
「センセイの鞄」は性質《たち》の悪い小説で、月子にしてもセンセイにしても、読んだ人がそれぞれ、勝手で頑《かたく》なな人物像を頭の中に描いてしまうのだ。誰の名前が挙がっても、誰かがかならず違うと言う。私はふと、一年ほど前に見た「カンゾー先生」の柄本明を思い出して、スタッフに諮《はか》った。みんなが反対した。ロマンティックじゃない。恋物語にならない。滑稽だ。だいたい柄本はまだ五十代半ばではないか。その若さで、目の中に命の果ての薄明りを灯すことができようか。——ちょっと大げさだが、私は柄本明に賭けた。

その柄本に泣かされた。——〈月子さん〉と〈センセイ〉は一年かかって不思議な愛を育てる。いつも傍にいないと、ポッカリ胸に穴が開く。けれど、なかなか結ばれない。センセイは考える。月子さんには未来の時間がたくさんあるが、自分にはあと少ししか残されていない。それに長いこと女の人から遠ざかっているので、性的に自信がない。事実、何度か試みたが、不如意に終わった。この辺りの可笑しさと哀しさを、小泉・柄本のコンビは絶妙に演じた。可笑しくて可愛かった。

撮影の間、柄本明はほとんど口を利かなかった。いつもセットの隅で、放心したように天井を眺めていた。痩せて、衰えて、孤独に見えた。私はその姿に自分のことを想った。間もなく私は〈センセイ〉の年である。——人間は切ないものだと、胸が痛くなった。神さまはいるのかもしれない。ある晩、センセイは蘇った。二人は、大急ぎで布団を敷き、向い合って正座し、見つめあう。月子が童女みたいにあどけなく微笑み、センセイの目から大粒の涙がこぼれる。——けれど、幸福の時間は短かった。センセイは死に、月子さんの手には、センセイが片時も手放さなかった〈センセイの鞄〉だけが残された。寂しくてしょうがない夜に、月子さんは鞄を開けてみる。中は空っぽで、深い闇だけがそこにあった。——撮りながら私は泣いていた。柄本の奇妙に歪んだ顔に、私は自分を見ていたのだろう。どんなに哀しいだろうと思って、人は泣かない。〈センセイ〉はどんなに嬉しかっただろうと、その気持ちを察して泣くのである。——ドラマの主役は、いつだって〈歳月〉である。まだ七十歳には程遠いが、柄本はたぶんはじめて、自分の上を音もなく過ぎていくものを感じたのだろう。——柄本明は、〈歳月〉だった。

本木雅弘

ここに、飛び散った一片の破片のクローズ・アップがある。キャメラをゆっくり逆回転させていくと、その破片は立ち上がり、銀灰色の逆光の中、激しく輝きながら宙に舞って、やがて大きな〈何か〉になっていく。その〈何か〉は、いまは、どこか危険で大きいということ以外わからない。

本木雅弘は、いま、硬質のガラスの破片である。破片でありながら、途方もなく不吉で、始末におえない危険を予期させる、朝の破片である。そして私たちは、いつも地面に飛び散った無数の破片を指で選り分け、その中からたった一つの〈危険〉を拾い上げ、それを光の中にかざしてみる商売である。この破片を拾い上げるときは、気をつけなければいけない。めったにそんなことはないのだが、たとえば本木雅弘を手にするときは、注意しなければならない。破片で指を切るからである。指を切れば血が出るだろう。痛みに体が痺れるだろう。その痛みに顔を歪めながら、指の血を舐めるのが、私たちの商売の嬉しさである。気味の悪いことを言うと思われるだろうが、これは本当の話なのだ。だから、――こういう人が突然いるから、私は幸福な商売をしていると、つくづく思う。

この人とジャン・コクトーの話をした。衛星放送の番組で、横尾忠則さんと三人の座談会だった。「美女と野獣」とか「オルフェ」とか「双頭の鷲」とか、私たちが若いころ、息を呑んで見つめた映画を、この人はみんな観ているのにまずびっくりしたが、感心したのは、この人がごく自然にジャン・コクトーの、あの目で凝視され、撮られている気持ちになっていることだった。つまり、私たちのように観客として眺めているのではなく、それと正反対に、映画の中に自分が入ってしまっているのである。私たちと並んでコクトーを観ながら、この人はスクリーンの中から私たちを見ていた。――それから、この人はコクトーの詩を朗読した。私にはその声が、どこか異界からの声に聞こえた。

この人なら、「オルフェ」の鏡の中へ、苦もなく入っていくだろう。ジャン・マレーよりも身軽に、もっとなんでもなく異界へ遊びにいき、遊園地で楽しんできたみたいに、また帰ってくるだろう。そういう変なところが、この人にはある。人がみんなパリだのフィジーだのへ行っているときに、この人はボンベイの路地で膝を抱えて何時間もしゃがんでいたり、インドの西海岸でアラビア海の落日を眺めているらしい。不思議な破片である。

つい先ごろの「東京国際映画祭」で、最優秀男優賞をもらった。斜めに見ている人もいるらしいが、「ラストソング」のこの人はもらって当たり前だった。私小説みたいな、嫌らしく力を抜いて姑息な芝居だらけの当節、この映画のオープニング十五分で、破片から大きな〈何か〉に見る見る化けていくこの人を見て、撮りたいと思わない同業者がいたとしたら、その人は〈男〉ではない。

岸部一徳

《ザ・タイガース》のころは〈岸部おさみ〉といっていた。〈岸部修三〉と名乗っていたこともある。いまは〈岸部《きしべ》一徳《いっとく》〉である。《昔の名前で出ています》のようだ。《ザ・タイガース》が解散して《PYG》になり、ベースギターのミュージシャンをやめて役者になり、樹木希林さんの事務所に入って〈岸部一徳〉という変な名前になった。命名者は、もちろん希林さんである。この人は昔〈悠木千帆〉という名前だったが、ある日突然、その名を競買にかけて売ってしまい、〈樹木希林《ききりん》〉になった。いま本木雅弘さんの奥さんをやっている娘の也哉子《ややこ》ちゃんが、以前「花へんろ」というドラマに出たときの芸名は〈小《こ》きりん〉だった。だいたい本名の〈也哉子〉だって、考えてみれば可笑《おか》しい。

その岸部一徳さんが、こんなにいい役者になろうとは思ってもいなかった。昭和五十年に私が撮った「悪魔のようなあいつ」というドラマに、ヤクザ者の役でテレビに出たのが芝居をやった最初だった。臆病でスローモーで、どんなに凄《すご》んでも怖くなかった。二十五年も昔の話である。ギター奏者としても一流だったのに、希林さんの知己を得てから芝居の面白さに目覚め、それでもゆっくりゆっくり階段を昇りつづけて、今日の〈岸部一徳〉になった。焦らないで、納得がいくまで動かないという、本人の性格通りの芝居のつくり方なのだ。だから地味で目立たないまま、しばらくはあまり売れなかった。それなのに当今の売れ方はどうだろう。映画にテレビにコマーシャルに、いなくてはならないキャラクターになってしまった。けれど、そんなに数はこなしていない。数は少ないが、一つ一つの役がユニークで印象に残るのだ。仕事の選び方は慎重である。納得するまでは、鉛のように重い腰なのだ。

こんどの正月二日に放送する「向田邦子の恋文」に、岸部さんに出てもらった。邦子さん（山口智子）の父親の役だった。寡黙《かもく》で内弁慶で、鷹揚《おうよう》なようで小心で、行動には現れないが家族思いで――そんな厄介な性格の父親の役を、岸部さんはあの長身と、長い顔で飄々《ひょうひょう》とやってくれた。〈言わぬは言うに、いや優《まさ》る〉とよく言うが、口数が少ない分、父親のもどかしく熱い気持ちが伝わってくる芝居だった。岸部さんと共演した人は、揃って〈岸部さんはやり易い〉と言う。決して出しゃばらず、一歩退《ひ》いて受ける芝居なのだ。それでいて自然な可笑しみがある。暗い役をやっても、楽しくなってしまうところがある。私は粗い縦縞のズボンをはいて、ベースギターを抱え、一本足で歩くコマーシャルが大好きだった。最近では、キムタクの部屋に、あっちからこっちから、おなじ姿の無数の一徳さんが出現するＣＭがいい。格好はおなじだが、一人一人の表情が、少し笑っていたり、気のせいか哀しそうだったり、微妙に違っていて面白い。

親しい人は、岸部さんのことを〈サリー〉と呼ぶ。グループサウンズのころ、〈ジュリー〉〈タロー〉〈トッポ〉などと呼ばれていた名残《なご》りである。しかし、なぜ〈サリー〉なのか――〈魔法使いサリー〉からきているそうだが、意味がよくわからない。「悪魔のようなあいつ」のころ、自分はこの先、役者としてやっていけるだろうかと、サリーに相談されたことがある。真剣な顔だった。何と答えていいか困った。人の一生の問題である。正直に言って、不安だった。こんなに不器用で、動きが鈍《にぶ》くて小回りが利かなくて、役者としてやっていけるだろうか。私の気配を察して、サリーはさびしそうだった。――私には、先見の明がなかった。

懐かしい奴——小林薫

　人の好い農村の青年とか、不良っぽい妹を蔭からじっと見守っている兄貴とか——あるいは、ちょっとコミックな、はみだしヤクザや、好きな女に胸の思いを打ち明けられず、悶々の夜を送る寿司屋の職人——小林薫を、そんな役だけが似合う役者だと思ったら、とんでもない話である。この人にしかないものは、平穏な顔の裏側に張りついている狂気とか、日常の暮らしの中で、誰にも知られることなく、男が執拗に育てている虚無とか——そういった、およそテレビの画面には似合わない、人間の中に潜むネガティヴなものたちなのだ。私は、いまほんとうのアナーキストを演じられるのは、この人と伊東四朗だけだと思っている。

　半年ぐらい何にも仕事をしないかと思うと、西へ東へと飛んで、立てつづけに四、五本のドラマに出たりして、何を考えているのか、よくわからないところがある。風狂《ふうきょう》という言葉があるが、風に吹かれるままに、木の葉みたいに流れているように見えることもあるが、かと思うと、やけに陽気に人を笑わせながら、酒場の梯子《はしご》をしている姿を見かけたりもする。つい三月ほど前の話だが、私のスタッフの衣裳係が、まだ五十ちょっとで腎臓炎で死んだ。小林とも二十年に近い付き合いだった。その男の葬いの晩の小林は凄かった。物も言わずに、チンピラの眼付きみたいな嫌な目で、会葬者の一人一人を睨《にら》みつけるのである。本人はどんな気持ちか知らないが、私にはそう見えた。酒も飲んでいないのに、足元が乱れ、息も荒かった。——小林薫の中の曠野《こうや》を、私は見たと思った。

この人とは、一生仕事をするだろう。いっしょにいて、この人の不安な顔を見ているのが好きなのだ。この人の切り裂くような鋭い目に怯《おび》えると、なぜかこっちの気持ちが落ち着き、安らぐのだ。年下なのに、何だか懐かしい奴なのである。雨の日の小林も好きだし、蒸し暑い夜の小林も好きである。この人のファンが多いということは、きっと大勢の人たちが、私とおなじように、この人の裏側に潜む人間のやりきれなさや、背中に背負っている荷物を見たり、感じたりしているからだと思う。

気は許せないが、ふと懐かしい奴なのである。

南北と勘九郎

四世鶴屋《つるや》南北《なんぼく》の凄さを、改めて思い知らされた。コクーン歌舞伎の「盟《かみかけて》三五大《さんごたい》切《せつ》」を観た帰り、雨の渋谷のダラダラ坂で、年のせいもあろうが、膝《ひざ》がガクガクした。

年と言えば、南北がこの芝居を書いたのは、七十歳だったという話もびっくりする。「東海道四谷怪談」は、さらにその前である。いまみたいに、男の平均寿命が七十半ばを越えているご時世と違って、江戸も末期のことだから、その念力に近いエネルギーは大変なものだと思う。六十ちょっとで膝がガクガクなんて言ってはいられない。――この芝居、まずは色っぽい。そして粘っこい。その上、魚の肌みたいな生臭い冷たさがある。とても、七十とは思えない。

もっとも、これの裏を返せば、もうここまできてしまったからということも言える。南北はこの世のことを、あらかた見てしまったのかもしれない。心変わりも裏切りも、惚《ほ》れたはれたも生き死にも――見てしまった南北には、おなじ幻に過ぎなかったのだろう。呆《ぼ》けていたというのではない。幻だと思えばこそ、目は冷たく冴え、胸のうちには、皮肉や意地悪を越えて、酷薄と言っていいほどの怖さが、霊気のように漂っているのだ。——これが、なんとも凄い。

見てしまった人のことを、フランス語では〈voyant＝見者〉というらしい。この世の果てまで、そして人の心の奥の闇まで見てしまった——南北は、江戸の〈見者〉だったのかもしれない。

しかし、本がいくら凄くても、それだけの役者がいなければ、芝居にならない。ときどき、誰がやってもいい本、それくらいよくできた本——という話を聞くが、そんなことはあるはずがない。役者がだめな芝居は、だめである。私の足が震えたのは、南北だけのせいではなかった。七十歳の《見者》南北を相手に、四十そこそこの勘九郎が、一歩も後へ退かないのだ。というよりは、私には、勘九郎の肩越しに、頭から水を浴びたように冷たく青い南北の顔が見えるのである。中でも、二軒茶屋から舞台が回った〈深川五人斬りの場〉で、これから忍び入ろうとする虎蔵の家の裏塀に、もたれるでもなく、もたれないでもなく、不吉な影のようにうっそりとたたずむ源五兵衛の勘九郎の姿は、心の闇をさまよった末の、空虚と無力と頽廃《たいはい》を、見境なく身につけて絶品だった。

姿というものは、妙なものだ。もちろん形ではない。動きでもなければ、心理描写でもない。そんな貧しいものではないのだ。私には、人が人を越え、人でなくなる直前の、有り様ではないかと思われる。そしてそれは、どうやってかは知らないが、役者がまったく不用意に、まったく無防備に、自分を舞台の上に放りだしてしまうことではないかと思うのだ。――そのとき勘九郎は、奇跡に近い〈姿〉になっていた。

大詰めの〈愛染院《あいぜんいん》門前の場〉の南北と勘九郎に、私は降参した。自分で打ち落とした小万の首をかたわらに、源五兵衛がお茶漬けを食べるという芝居を書いた南北も南北だが、怪奇とリアルな食欲を平気で並べてみせる勘九郎も、ただ者ではなかった。場内は、その美しさに静まりかえった。

森繁さん ①

立木《たつき》義浩《よしひろ》さんと対談するから、土曜日の午後に家へ来いと、森繁久彌さんから電話が入る。ある雑誌に立木さんが持っている「もう一度あの人と逢いたくて」という写真と対談の欄で、正月号だから何となくお目出度い森繁さんなのだろう。しかし、〈もう一度〉というからには、既にご両人は面識があるわけで、私がそこにいる必要は何もない。それなのに来いという。わがままなのである。それと、ちょっとこのところ寂しいのである。仕方がない。その日は、さして用もなかったし、風のさわやかに吹き渡る気持ちのいい午後だったので、千歳船橋の森繁家までブラリと出かけた。

森繁さんは、私の三十年来の師匠である。私がリハーサル室やスタジオで、したり顔で垂れている芝居についての能書きは、八割方この人の受け売りである。あとの二割は、いくら天下の森繁でも承服できない、つまり誤っている部分に、私が新しく、賢く、修正を加えたものである。けれど、思い出してみると、おまえを弟子にしてやると言われた憶えはない。言ってみれば、押し掛け弟子である。三十年前のあのころ、おなじような押し掛け弟子が私のほかに二人いた。脚本の向田邦子さんと女優の樹木希林（そのころは悠木千帆）さんである。職種はそれぞれ違っていたが、みんな森繁さんの悪口を蔭で言いながら、それでもいろんなことを教わり、知らないうちに影響も受けていた。私自身は大きなことは言えないが、向田さんは作家としてあそこまでいき、希林さんは百年に一人の女優になった。私たち三人がいっしょだったのは、昭和三十九年の「七人の孫」というテレビ・ドラマで、森繁さんは七十七歳のお爺さんの役だった。頑固でわがままで、ほどほどに涙もろく、ほどほどに意地悪で、こっそり好色な老人を、手品みたいにやってのける森繁さんを、私たちはびっくりして眺めていたものである。どこから見ても、その歳に見えた。つい先ごろ、いったいこの人は幾つのときに、あの役をやったのだろうと計算してみたら、何と、五十歳なのである。これには驚いた。

　その森繁さんが、ほんとうのお爺さんになった。八十二だという。あのころ、ご自分の三十年後を予見していたみたいに、わがままで、意地悪で、歳の割りにはあからさまに好色である。耳の都合が大分悪いというが、それだって怪しいもので、北原白秋や柳原白蓮《やなぎわらびゃくれん》の書を見せびらかすから、いまに形見分けに下さいと、耳元で大きな声でお願いしたのに、そのときだけ知らん顔をされた。立木さんとの対談に呼ばれたのだって、結局は通訳をさせられたようなもので、昔のエピソードを話していて面倒くさくなると、つづきは私にやらせるのである。しかし、私に話術があるのなら、それもいいが、私が話すとその面白さが百分の一に激減してしまうのだ。現に、立木さんも、雑誌の人たちも不満そうな顔をする。長年の恩義があるから仕方がないが、損な役回りである。

昔から絶妙なアドリブでお客を喜ばせ、批評家の眉を顰《ひそ》めさせた人だったが、私の関わったかぎり、いい脚本《ほん》を勝手に変えたりすることは、決してしない人だった。つまらない脚本、心の籠もっていない脚本には我慢がならないのである。それともう一つ、現場に立って、たとえばそこに長火鉢があり、火に湯気の上がる鉄瓶がかかっていると、おのずから出てくる台詞《せりふ》というものがある。作家が脚本を書いているときには予想できない、その場の匂いや温度や音というものがある。そこにいれば、生理的にどうしても反応してしまうことがあるのだ。それを森繁さんは、大切にしようとする。すると脚本にない台詞も言いたくなる。これは単なる即興の、いわゆるアドリブとは違うのだ。その役として、そのシーンに〈生きる〉ということなのだ。

しかし、いくら天才だって、ときに勘違いすることもある。森繁さんにも、つまらない冗談、質の悪いアドリブが出ることも、何度かに一度はあるのだ。ところが、周りがいけない。たいして面白くないことにも、膝を叩いて笑うのである。のけ反《ぞ》って、椅子から落ちてみせるのである。わかり易く言えば、迎合、太鼓叩き、もっと言えばお追従《ついしょう》である。座長、親方、王様、天皇の不幸なのかもしれない。戦後、新宿の〈ムーラン・ルージュ〉にいた経歴もある人だから、人を楽しませ、喜ばせるのが大好きな人である。それは、私も大好きだ。しかし、天皇には、天皇の冗談があり、天皇のギャグというものがある。それでないと、私は嫌なのである。だから、つい先だって「小石川の家」という正月ドラマで、幸田露伴をやってもらったとき、私はスタッフやキャストの人たちに、ほんとうに可笑《おか》しかったら笑ってください、その代り、つまらなかったら決して笑わないで欲しいと頼んだ。以前だったら、とても言えないことである。「小僧、下がれ！」と言われたら、それまでである。しかし、いまなら言える。ほどほどの声での通達だから、本人、何にも聞こえていないのである。

その「小石川の家」でも、いいシーンの台詞は、一言一句、森繁さんは正しく言った。森繁さんから見れば、ほんの小娘の筒井ともみさんの書いた台詞を、涙を流しながら言った。それは、露伴と娘の文《あや》（田中裕子）が空襲に遭い、押入れの中に避難するシーンだった。爆弾の破裂音が響き、窓ガラスが火で真っ赤に染まっている。

露伴「馬鹿め、まだそんな所にいたのか、お前たちはどこへでも逃げろ」
文「私はお父さんの傍を離れません。どこへ行くのも嫌です。行きたくありません」
露伴「行け」
文「いやです」
露伴「強情っ張りが」
文「どうでもいい、お父さんが殺されるなら、文子も一緒の方がいいんです。どこの子だって親と一緒にいたいんです」
露伴「許さん、粗末は許さん」
文「いいえ、大事だからです」
露伴「おれが死んだら、死んだとだけ思え。念仏一遍、それで終る」
文「いやです。そんなの文子、できません」

露伴「…………」
文「お父さんは、文子の死ぬのを見ていられますか」
露伴「見ていられる。それだけのことだ」
文「(父にすがって) それでは、文子は何ですか」
露伴「子だ」
文「子とは何ですか」
露伴「ケチなことを言うな、情とは別なものだ」
文「それじゃ、文子の、このお父さんを思う心はどうしますか」
露伴「それでいいんだ」
文「あんまり悲しい」
露伴「人間、悲しいに、はじめから決まっている」

森繁さんが、泣いていた。裕子さんも、泣いていた。私の目も曇って、モニターの二人の顔が見えなくなって困った。

森繁さん ②

森繁さんからは、いろんなことを教わった。その中には、ちょっと大きな声では言えないこともなくはなかったが、たいていは、どんな本にも書いてない、ヴィヴィッドで、具体的で、人間の気持ちの裏づけのあることばかりだった。たとえて言えば、獲《と》れたての海老の生き造りのようなものである。まずは姿が生きていて、舌に載せればこの上なく甘く、体に入って栄養になる。――たしかに知識には違いないが、その一つ一つに、人の顔が映って見える。よくできた冗談には、かならず、しばらく経って滲《にじ》んでくる哀しみの余韻がある。声をひそめて囁く他人の悪口には、ふと思い当る自らへの戒めがあり、顔が赤らむくらいの猥談にさえ、人はどこからきて、どこへいくという、切ない質問が、隠し絵のように隠されているのだ。

八十を越えた今日でも、森繁さんは、どこか胡散《うさん》臭い聖人であり、かぎりなく猥褻な哲人であり、涙もろいニヒリストであり、心優しいエピキュリアン（享楽主義者）である。いい歳をして、そんな矛盾をいっぱいに抱えている森繁さんを見ていると、嬉しくなる。長生きもいいものだと思えてくる。こんな風に人間臭く、矛盾という矛盾を瓢簞《ひょうたん》みたいに腰の周りにぶら下げ、人情の小石に躓《つまず》いて、ジタバタしながら死んでいきたいと思うのである。この三十年の間、具合の悪いときは逃げ隠れ、自分の都合のいいときだけ、周りをチョロチョロさせてもらってきたが、そうやって森繁さんの懐中から、こっそり掠《かす》めてきたものは、いま考えてみると、量り知れないくらい大きく、重い。

この人は、人の倍生きている。だから、ほんとうは当年とって百六十余歳である。関わった女の数と、その関わり方の深さと切なさは、私たちの倍ではきかない。そんな女の話のあれこれを、「小説新潮」にときどき書いているが、これが何ともいい。優しくて、痛切で、子供の日の風邪薬のように稚《いとけな》く苦く、不能者のオナニーみたいに、懸命で可笑《おか》しい。つまり、絶品である。もっと読ませてもらいたいと思うのだが、ご当人は、それも面倒になったらしく、こんな話もあったと、話しはじめてあとは思い出し笑いをするだけで、ちっとも書こうとしない。

人生は、いいこと半分、悪いこと半分である。赤い灯、青い灯の通りの一筋裏には、かならず、嫌な匂いの露地がある。森繁さんだって、そうだったに違いない。八十年生きていれば、そのうち四十年は、苦く重い日だったわけである。これは、たいへんな時間だと思う。その上、性質《たち》が悪いことに、嬉しいことはその場かぎりのことが多いのに、辛い気持ちは後《あと》を曳く。惚れた女が、いつも微笑《わら》っていてくれればいいけれど、優しくして欲しい日にかぎって、振り向いた女の顔は夜叉である。私なんかでさえ、そう思うのだから、人の倍生きてきた森繁さんが見てきたものは、半端ではなかろう。いつも、大通りの真ん中を、気持ちのいい風に吹かれてきたように見えるけど、実は、夕べさびしい村外れ、コンと狐の啼《な》く声に、怯《おび》えて逃げたこともあったろう。誰だって胸の底に半分持っている、そんな怯えや怖れ、卑屈さにあさましさ、嘘や言い逃れ——それを、他の人ではとても及ばない大胆さと、練りに練った技術で、手品みたいにヒョイと見せてくれたのが、俳優としての森繁さんだった。だから、詐欺師、女たらし、嘘つき、卑怯未練、裏切り者、赤さぎ（結婚詐欺）、佯狂《ようきょう》（狂人のふりをする人）、アル中、そして無用の人をやらせたら、この人の右に出る人は、いまでもいない。これから先百年経ったって、まずこんな人は出ない。

もう二十年も昔、舞台でゴーリキーの「どん底」をやらないかという話が森繁さんからあった。このごろは誰もやりたがらないが、「どん底」という芝居には、面白い人物がたくさん出てくる。貧しい木賃宿の地下室に、ゆくりなくも集まった底辺の連中は、どの一人をとっても、虚飾とか、欺瞞とか、劣等感とか、マイナスの荷物を背負いきれないくらい背負った人物ばかりだった。そうした矛盾から逃げだそうと藻掻《もが》いて、逃げきれなくて、どん底で這いずり回っている。私はいまでも、舞台の演出をしたことが一度もないが、このときだけは、森繁さんで「どん底」ならやってみたいと思った。せっかくのこの話は、残念なことに実現しなかった。配役で頓挫《とんざ》したのである。しかし、貴族のなれの果ての〈男爵〉も、イカサマ賭博の〈サーチン〉も、泥棒の〈ペーペル〉も、錠前屋の〈クレーシチ〉も、当然、巡礼の〈ルカ老人〉も——みんな森繁さんはやりたいと言って、収拾がつかなくなったのである。冗談ではなかった。自分が〈男爵〉をやるのはいいが、他の役者が〈サーチン〉をやると思うと、面白くないらしい。どの役も、自分がやるのが一番だと、本気で思うのだ。私は呆れたが、俳優というものを見たと思った。

どうしてみんな、マイナスの人間の役を、森繁さんに頼まないのだろう。森繁さんは、いまだって「夫婦善哉《めおとぜんざい》」や「猫と庄造と二人のをんな」や、「神阪《かみさか》四郎の犯罪」の森繁さんなのである。「どん底」の全部の役をやりたがる人なのである。お国から文化勲章をいただいたからといって、偉人賢人だけをやれと言われたわけではないだろう。この人の、虚言症の老人も見たい。抱腹絶倒のアルツハイマーも見たい。舌先三寸の詐欺師も、心の底から見たいと思うのである。

日本語の美しさ、懐かしさ、快さについても、この人から教わったことは多い。目で見て美しく、耳で聴いて快いわが国の言葉というものを、この人は、理屈ではなく、実際に字で書くことと、台詞や朗唱という形で口にすることで教えてくれた。話言葉には、リズムがある。おなじように、文章にも、リズムがある。繰り返し、繰り返し口にすることによって、生まれてくるテンポとリズムというものがある。森繁さんは、文章を書くとき、かならず声にしながら書く。あるところまで書いたら、また最初から口に出して読み返す。どんな長い文章でも、そうする。人が書いたものについても、森繁さんはおなじである。詩はもちろん、小説だって声を出して読む。もう四十年もつづいているラジオの「日曜名作座」が絶品の域に達したのは、ふだんのそんな習慣あってのことである。

森繁さんは、いまでも、暇さえあればいろいろな詩を朗唱している。その記憶力は驚くほどである。古くは落合直文からはじまって、《きのふまた身を投げんと思ひて／利根川のほとりをさまよひしが……》の朔太郎になり、三好達治の《ふたつなき祖国のためと／ふたつなき命のみかは／妻も子もうからもすてて……》とつづいて、大木《おおき》惇夫《あつお》は《言ふなかれ、君よ、わかれを／世の常を、また生き死にを、／

海《うな》ばらのはるけき果てに／今や、はた何をか言はん……》の「戦友別盃の歌」である。森繁さんの声を聴いていると、日本語が懐かしくなる。好きになる。昨日より、もっと恋しくなる。

それにしても、詩をよく憶えているのにはびっくりする。三好達治の「おんたまを故山に迎ふ」なんか、実に五十二行の長詩である。それを淀みなく朗唱するのだ。それができるのなら、私のドラマの台詞も、もう少し憶えていただきたいものである。

映画の人

唐獅子牡丹

来年、テレビで「人生劇場」をやろうと思って、本棚の尾崎士郎《おざきしろう》の原作を探したら、これがない。誰かに貸した憶えもないのに、不思議なことであるが、文庫本では、よくこういうことがある。そこで近所の書店で注文したら、何と、角川文庫も新潮文庫も絶版だという。驚いたものである。全巻名作とは言いにくいが、少なくとも「青春篇」「愛欲篇」「残俠篇」ぐらいは、文庫にあってくれなくては困る。ようやく角川書店の友人に頼んでコピーを手に入れたのだが、久しぶりに読んでみて、やっぱり面白い。

《「三州吉良港《さんしゆうきら》」。一口にさう言はれてゐるが、吉良上野《こうづけ》の本拠は三州横須賀《さんしゆうよこすか》村である。……》という有名な出だしが懐かしかった。私がドラマにしたいのは、もちろん「残俠篇」である。小説も面白かったが、一九六〇年代から七〇年代にかけて作られた、東映のいわゆる〈任俠《にんきよう》映画〉の数々が忘れられないのである。「人生劇場」だけでも、何度映画化されたかわからないが、中でも色っぽく、切なかったのが、昭和四十三年、内田《うちだ》吐夢《とむ》監督の「人生劇場・飛車角《ひしゃかく》と吉良常《きらつね》」だった。窓の外にしとしと雨が降るあばら家で、鶴田浩二の飛車角と、藤純子のおとよが押し黙ったまま、長い時間が過ぎる。それを、カメラも黙って、中ぐらいの俯瞰で見ている。ときは大正の末、《男も女もつらいけど、男と女はなおつらい》の世界である。

　このときの吉良常は辰巳《たつみ》柳太郎《りゅうたろう》で、飛車角が服役中に、おとよと情を交わしてしまう宮川が高倉健だった。タイトルは「飛車角と吉良常」だが、実は、義理と人情の板挟みになって悶える、飛車角、おとよ、宮川の三人の物語だった。昭和四十年代のあのころは、まだそんな風景が残っていたのだろうか。トップ・シーンの、おとよをのせた人力車が、雨に煙る大川の長い橋を渡ってくる情景は、溜息がでるほどきれいだった。

　内田作品の前に〈飛車角〉というシリーズがあった。最初作られたのが、昭和三十八年の「人生劇場・飛車角」で、これがヒットしたので、「続・飛車角」「新・飛車角」とつづいたのである。飛車角はおなじ鶴田浩二で、このときのおとよ（第三作では、まゆみ）は佐久間良子だった。鶴田浩二という人は、不思議な人だった。この人と組むと、女の人が見る見る色っぽくなるのである。〈飛車角シリーズ〉の佐久間良子がそうだったし、昭和四十年の「明治侠客伝・三代目襲名」の、藤純子の娼婦初栄も忘れられない。鶴田浩二の浅次郎が、親の死に目に逢いにいけない初栄のために、ポンと財布を投げ出す。野辺の送りを済ませて郷里の岡山から戻った女は、貧しくて土産も買えず、桃を一つ男に差し出す。夕暮れの川っ縁である。絵に描いたように枝振りのいい松の葉末が、薄赤く染まり、二人がしゃがんでいる石畳に、小さく揺れる影を落としている。——こんなシーンが撮れたら、監督冥利《みょうり》に尽きるという名シーンだった。ローアングルで有名だった、加藤泰の名作である。

あのころは、こういった〈やくざ映画〉ばかり観ていた。実際の仕事では、「パパだまってて」とか「七人の孫」とかいう、テレビのホーム・ドラマを撮りながら、空いている時間は、東映の映画館に通いつめていた。全盛の七、八年の間に、何百本観たかわからない。その中で、おなじ作品を何度も観て、コンテから台詞まで、みんな憶えてしまったのが〈昭和残侠伝シリーズ〉だった。俗にいう、健さんの〈唐獅子牡丹〉である。

義理と人情を　秤《はかり》にかけりゃ
義理が重たい　男の世界
幼なじみの　観音様にゃ

俺の心は　お見通し
背中《せな》で吠えてる　唐獅子牡丹

親の意見を　承知ですねて
曲がりくねった　六区の風よ
つもり重ねた　不孝のかずを
何と詫びよか　おふくろに
背中で泣いてる　唐獅子牡丹

《春に　春に追われし　花も散る……》の「網走番外地」もいいが、健さんの歌は、誰が何と言おうと「唐獅子牡丹」（詞・矢野亮、曲・水城《みずき》一狼《いちろう》）である。これを聴いていると、頭の中が白くなり、鳥肌が立つのである。そのころの話ではない。いまでもそうなのだ。もう、歌を超えている。念仏と言おうか、御詠歌《ごえいか》と言おうか、聖歌と言ってもいいし、世の中の終わりの滅びの歌と言ったっていい。自分でも大袈裟だと思うが、これでもまだ言い足りないくらいなのだ。私が映画館に通ったのは、実はこの歌を聴きにいったのである。

ラ行が巻き舌になるのである。その巻き舌の不貞腐《ふてくさ》れがたまらないのだ。このアナーキーな巻き舌に痺《しび》れる気持ちだけは、女にはわかるまい。わかってもらっては困るのだ。哀しいというのでもなく、嬉しいというのとも違い、勇むでもなく、かと言って萎《な》えるのでもなく、もうこれは痺れとでも言うしかないのだ。

〈唐獅子牡丹〉シリーズは、昭和四十年の「昭和残侠伝」が第一作だったが、この作品だけが戦後の話だった。二作目の「昭和残侠伝・唐獅子牡丹」から、舞台は昭和初期になり、「一匹狼」「血染の唐獅子」「唐獅子仁義」「人斬り唐獅子」「死んで貰います」「吼《ほ》えろ唐獅子」とつづき、昭和四十七年の正月映画「破れ傘」で、八年にわたるシリーズを終わる。健さんの役名は、第一作の寺島清次と、三作の武井繁次郎を除いて、あとはみんな花田秀次郎だった。名コンビの池部良さんは、風間重吉。——花に風である。

唐獅子牡丹は、もちろん背中の刺青《いれずみ》の柄である。牙を剝《む》いた唐獅子が左下を睨み、その背に渦巻く尻尾に絡《から》んで、大きな赤い牡丹と、小さな白い牡丹が咲き乱れている。《地獄みやげに拝んでおけよ、雨のしずくか血か汗か、濡れておりますす唐獅子牡丹》。ポスターの惹句《じやつく》が、また凄かった。《いまが盛りの菊よりも、きれいに咲きます唐獅子牡丹》。《仁義渡世は男の闇か、闇と知ってもなおドス暮らし!》。こんな文句が真っ赤な字で、映画館の大看板に殴り書かれ、スピーカーは、あの歌を吠えていた。

おぼろ月でも　隅田の水に
昔ながらの　濁らぬ光り
やがて夜明けの　来るそれまでは
意地で支える　夢ひとつ
背中で呼んでる　唐獅子牡丹

「昭和残侠伝」のシリーズをビデオで買おうかと思ったことが何度もある。けれど、あれだけは劇場の椅子に首まで埋もれて観たいので、いつも思い止まる。たとえ画面に白い雨が降っていようと、非常口の扉の隙間から下水の臭いが洩れてこようと、あるいはスピーカーの調子が悪くて、健さんの台詞や歌が割れて聞こえようと——「唐獅子牡丹」だけは〈小屋〉で観たいのである。そう——私たちが小走りに駆け込んだのは、最後の〈小屋〉だったのかもしれない。〈映画〉のことを〈シャシン〉という人がまだいたし、私たちだって〈映画が掛かる〉という言い方をしていた。

一九六〇年代の中ごろから、ほぼ十年にわたって現れた膨大な量の東映任俠映画は、小屋に掛かった最後の活動写真だった。

あの腹の底まで響くような主題歌だけは、ビデオでは味わえない。歌になるとスピーカーのヴォリュームを上げているのではないかと思うくらい、小屋の椅子も、その下の地面まで震えるようだった。場内の通路には、デモのゲバ棒が転がり、池部良の風間重吉が現れると「ヨシ!」と声がかかり、チョビ髭の金子信雄が狡《ずる》そうな顔で出てくると、間髪を入れず「ナンセンス!」の声が飛んだ。いざ殴り込みというシーンになると、前の席で思わずヘルメットをかぶり直すシルエットが、いくつも見えた。顔面蒼白の、痩せ細ったヒロイズムが、小屋いっぱいに身悶えていた。——そんな時代だった。

嵐が吹き抜けたように、「唐獅子牡丹」は過去のものになっていった。それでも私は、まだ未練がましく、池袋の〈人生坐〉や新宿の〈昭和館〉へ健さんを追っかけていた。半年に一度ぐらいの割で上映される〈唐獅子牡丹大会〉という奴である。たいていは、レギュラーのプログラムが終わった後の、いわゆる深夜映画だった。十時過ぎにはじまって、小屋を出ると、外がもう明るくなっていた。四本も五本も立てつづけに、似たような筋立てのシリーズを観終わると、体の力が脱けていた。

小屋を出る足がもつれたりした。それでも、私たちは「唐獅子牡丹」のあの歌を、小さな声で吠えていた。

　エンコ生まれの　浅草育ち
　やくざ風情《ふぜい》と　言われていても
　ドスが怖くて　渡世はできぬ
　ショバが命の　男伊達《おとこだて》
　背中で吠えてる　唐獅子牡丹

　白を黒だと　言わせることも
　所詮たたみじゃ　死ねないことも
　百も承知の　やくざな稼業
　何で今更　悔いはない
　ろくでなしよと　夜風が笑う

あまり聞きなれない文句である。少なくとも、市販された健さんのレコードにはない歌詞である。これは映画の中でだけ歌われた「唐獅子牡丹」なのだ。私が〈唐獅子牡丹大会〉に通って、映画館の暗闇の中で写しとってきたものである。だから、原詞の漢字や仮名の使い方とは違うかもしれない。いまどこを探したって原詞など見つかるわけがない。商品になっていないのだ。映倫はパスしても、レコ倫はやはりまずかったのだろう。確かに文句がキツ過ぎる。やくざ礼賛と言われれば、そうかもしれない。

親にもらった　大事な肌を
入墨《すみ》で汚して　白刃《しらは》の下で
積もり重ねた　不孝の数を
何と詫びよか　おふくろに
背中で泣いてる　唐獅子牡丹

流れ流れの　旅寝の空で
義理にからんだ　白刃の喧嘩《でいり》
馬鹿な奴だと　笑ってみても

胸に刻んだ　面影が
忘れられよか　唐獅子牡丹

この歌を作った水城一狼という人は、名の通り怖い顔をした東映の斬られ役だった。たいていは、殴り込んだ健さんに斬られる最初の二、三人の中にいた。その人がどうしてシリーズの主題歌を書いたのかはわからない。自分でもドスの利いた声で歌う人で、「唐獅子牡丹」が売れたご褒美に、「任俠観音菩薩」という妙な歌を吹き込んだが、まるで売れなかった。つまり、一曲かぎりの作家だった。しかし、名誉ある作家だと、私は思う。あなたがたった一つ書いた歌を、いったいどれくらいの人たちが忘れられないでいるだろう。いまでも恋しているだろう。あなたがいなくても、七〇年安保はあっただろうが、もしあなたが書いた歌がなかったら、あの奇妙な安保前夜はなかっただろう。

ひとりの夜、眠ろうとしているとあの歌が遠くから聞こえてくることがある。柳の土手を、一つ唐傘の二人の男がやってくるのが見えることがある。いまとなっては、私のたった一つの感傷かもしれない。それにしても、何と気持ちのいい感傷だろう。——伏目がちにいくのが花田秀次郎、どこか遠いところを見ながら、半歩遅れていくのが風間重吉——花に風が、寄り添っていく。

健さんと、ときどき逢うことがあるが、そんな話はしたことがない。逢っている間、ほとんど何も話さず、黙って二人、珈琲を飲んでいる。しかし、そんなぎこちない沈黙の中で、私は無言で健さんに確かめている。——あなたは、いろんな歌を聴いたり、歌ったりしてきたけれど、いちばん好きなのは、あの歌ですね。そしてあなたは、数えきれないくらいの男をスクリーンで演《や》ってきたけれど、いちばん好きなのは、あの花田秀次郎ですね。——私には、ずっと俯《うつむ》きっ放しの健さんが、そのとき小さくうなずいてくれたような気がした。

市川崑は煙である

いままで何度もお目にかかっているのに、私はこの人の顔をよく憶えていない。声は思い出せるのだが、顔がいつもぼんやりしているので困ってしまう。だから失礼ながら、夕暮れの街でこの人とすれ違っても、私は気がつかないまま、ふと行き過ぎてしまうかもしれない。それは煙草のせいなのだ。崑さんと言えば煙草である。かねてから人の噂《うわさ》に聞いてはいたが、びっくりするくらいのチェーン・スモーカーである。そしてそういう私も、崑さんにはとても敵《かな》わないが、かなり年季の入ったヘビー・スモーカーである。いまはもう流行らないショートピースを、日に六十本は吸う。母親と顔を合わせるたびに、体に悪いからやめろやめろと言われつづけてもうどれくらいになるだろう。私が煙草を止めるのを見届けなければ死ねないと言って、母はとうとう九十六になってしまった。

つまり、崑さんと私の間には、いつだって濃密な煙草の煙が漂っているのである。だからお互いの顔がよく見えない。煙の中で揺れながら、崑さんは年相応に穏やかに笑い、年に似合わず少年のように含羞《はじら》い、ときに氷片のような皮肉を煙の中からキラリと洩らす。私がしげしげと崑さんのところへ足を運ぶのは、もしかしたら、そんなぼんやりした崑さんの顔が見たいからかもしれない。そして私たちが吸っては吐く、呼吸のような煙が空中に混じり合い、しばらく躊躇《ためら》ってどこかへ流れていくのを目で追っているのが嬉しいのかもしれない。たくさんの言葉を交わしたり、お互いの心の中を覗いてみたり、声を上げて笑い合ったりするより、そうしたやわらかで静かな時間の中にいる方が、ずっと崑さんは崑さんであり、私は私であるような気がするのだ。言ってみれば、これは私たちみたいな非常識なヘビー・スモーカーだけに神さまが下さった幸福な時間である。

だから私は、崑さんにまつわる挿話も知らないし、いわゆる素顔も人柄も知らない。知っているのは、会うたびにぼやけていく不思議な崑さんだけである。このごろ私には、この人がだんだん煙そのもののように思われてきた。口にしたときちょっと苦く、胸の中に深く吸い込んだころから懐かしい甘い香りがにじみはじめ、やがて七月の海に漂っているように気持ちがよくなるのだが、体に悪いと母親に言われるだけあって、どこか危険で怖い。それはこの人が撮ってきた映画にしたってそうだ。「足にさわった女」も「炎上」も、「日本橋」や「おとうと」も、あれは私が十四歳の秋から吸っているショートピースなのだ。箱のデザインは洒落ている。キラキラ眩しい銀紙を破るときかすかに胸が騒ぎ、小さな動悸がする。フィルターのついていない両切りだから、どっちから吸ってもよさそうなものだが、あれはやっぱり鳩のマークの方に火を点《つ》けなければいけない。つまり吸い方の秘密とかコツが実はある。世界中で、こんなに優しくて蠱惑《こわく》的な香りの煙草はない。しかし、パッケージの裏側にはちゃんと書いてある。《吸いすぎには注意しましょう》。

私も崑さんみたいな、隠された毒のある煙になりたいと思う。甘くてどこかアナーキーな煙になりたいと思う。泣きたいような笑いたいような、幸福のような不幸のような、不思議な煙になりたいと思う。そう思って身近をウロウロするのだが、たちこめる煙の向うにあの人は日に日に遠くなっていくようである。崑さんが意地悪なのか、私の修行がまだまだ足りないのか、私は今日も昔の汽車みたいに煙を吐きながら、煙そのものになろうとして逃げていくあの人の後を追いかけている。

神代さんの光

　もうずいぶん昔のことになるが、「アフリカの光」を観たときから、どうやってもこの人には敵《かな》わないと思ってしまった。私は、ひそかに不遜《ふそん》な男である。映画にしても、小説にしても、自分が及ばないと思ったことはほとんどない。肩肘張って、そうでも嘯《うそぶ》かなければ、だいたいこんな商売、三十何年もやっていられるはずもないが、それだけではなく、私はほんとうに不遜なのである。ところが、神代《くましろ》さんの場合はどうしてか、素直に降参してしまったのである。この人の周りに鬱陶《うっとう》しく立ち籠《こ》めている、不吉な靄《もや》みたいなものが、私を諦めさせたのかもしれない。それは、とにかく嫌な感じの靄だった。あまり傍に近寄りたくない、湿って肌に纏いつくような、性質《たち》の悪い空気だった。けれど厄介なのは、だからといって自分には関わりのないものとして看過ごせない、変に平明な明るさが、この人の撮ったものには漲っていることだった。つまり、ふっと気持ちがよくなって、ついふらふらと、この人の手招きに誘われてしまうのである。だから、敵わないのだ。

「青春の蹉跌《さてつ》」や「赤線玉の井・ぬけられます」のころまでは、そんなことはなかった。おなじ匂いはあったけど、それにとり憑《つ》かれるということは、まずなかった。でも、いったいあのころ、神代さんに何があったのだろう。「アフリカの光」のショーケンと、桃井かおりが二人で室内にいるシーンの、途方もない長回しで、私はもうそこから逃れられないと思うくらいの、粘っこい嫌な匂いを嗅いでしまったのだ。それからというものは、深みにはまるだけだった。私は不遜ではあるが、敵わないとなると、むやみに好きになってしまう。「櫛《くし》の火」も、「赫《あか》い髪の女」も、私はその匂いに咽《む》せながら、暗鬱なくせに、ときどき白い光が閃《ひらめ》く神代さんの画面を観て、幸福だった。その後の「地獄」は奇妙であまり気持ちよくはなれなかったが、「嗚呼《ああ》!おんなたち　猥歌」には嬉しくなってしまった。内田裕也が、あんなに可《お》笑《か》しく、あんなに色っぽく、あんなに切なかったことは、他にない。なぜあんなに可笑しく、色っぽかったかを、私は考えてみた。考えてぼんやりわかったのは、あの妙な主人公は、間もなく死ぬのではなかろうかということだった。それはつまり、神代さん自身が早晩死ぬだろうというのとおなじことだった。そう思うと、神代さんの人物たちは、みんなおなじ顔をしていたのに私は思い当った。それを撮っている神代さんも、死ぬということと、機嫌よく遊んでいるのだな、と私は思った。

そんな人に敵うわけがない。私は、生前の神代さんに、たった二度だけ逢ったことがあるが、神代さんは二度とも、けっしてきれいとは言えない歯を剝《む》き出して、笑っていた。心底嬉しそうに、笑っていた。私には、あそこまで熱心に、死ぬことと遊ぶことはとてもできない。最後の「棒の哀しみ」なんか、あそこに生きていた人物たちの中で、一年先まで命のありそうなのが、一人でもいただろうか。あれは、ポーの「赤き死の仮面」のプロスペル公の舞踏会みたいなものだ。間もなく死ぬために、彼らは踊る。笑いながら踊る。——神代さんは、嫌らしかったけど、ちっとも暗くなかった。タイトルにだって、「アフリカの光」とあるではないか。神代さんの撮った障子には、白い光があった。貧しい台所の破れガラスの向うにも、変に明るい朝の光があった。夜の底で体を鬻《ひさ》ぐ女を撮ったって、彼女たちは、寝不足の目でかならず朝を迎えていた。神代さんが、手を変え品を変えて戯れた人間の死は、いつだってその彼方に光が見えていたのだ。この人が、半生かけて撮ったのは、死ではなく、その向うに漂って見える、光だったのだ。この人が酸素を管から吸いながらも笑っていたのは、たぶんそのせいだ。——だから私は、神代さんの訃報を聞いて、ちっともびっくりしなかったし、あまり哀しいとも思わなかった。それは、壁のカレンダーを破いたら、ちゃんと次の月が現れるのとそっくりな、とても当たり前なことだったのだ。

歌の人

さくらの唄

他人《ひと》のことはともかく、そろそろ自分がこの世の終わりに何を聴きたいかも考えねばなるまい。話のはじめから陰気になるのもどうかと思うが、このところ、いずみたくさん、中村八大さんと立てつづけにいなくなられると、みっともないことに何だか浮き足立ってしまうのである。あんないい歌をいくつも書いた人たちも、最後は無機的な白い音のない部屋で死んで行ったのだろうか。そんなさし迫ったときに、枕元にテープ・レコーダーを持ち込んだりしたら叱られるだろうが、誰かがヴォリュームをいっぱいに上げて「希望」を聴かせてあげたら、最期のたくさんは嬉しかったのではないだろうか。たくさんの名曲が流れる音楽葬の式場で献花の順を待ちながら、私はそんなことをぼんやり考えていた。それらの歌は、私たちのものでもあったが、まず誰よりも、いずみたくのものだったのである。

昔、なかにし礼という不良がいた。不良には不良の辛《つら》さがあって、辛くてしょうがないので歌を書いた。売れっ子になってからの華麗なフレーズなどどこにも見当たらない、ポツリポツリと呟くような歌だった。歌ってくれる歌手のあてもない、それは不良少年のプライヴェート・ソングだった。こっそり咳きこんで、ふと掌《て》を見たら、そこに色の薄い血が散っている——そんな歌だった。だからいま口にしてみても、言葉の一つ一つが、掌に掬《すく》った夕暮れの砂金のように優しく光っている。

さくらの唄

何もかも僕は　なくしたの
生きてることが　つらくてならぬ
もしも僕が死んだら　友達に
ひきょうなやつと　わらわれるだろう
今の僕は何を　したらいいの
こたえておくれ　別れた人よ

おなじころ、三木たかしという、これも不良がいた。食べられないので毎晩ギターを抱えて縄のれんを流して歩き、そのくせ女の優しさが恋しくて、半年に一人、死ぬ気で女に惚れていた。みんな自分が悪いのだが、怯懦《きょうだ》の日々に押しつぶされて、塵芥《ごみ》の臭いのする露地裏の部屋にうずくまって呻《うめ》いていた。辛くてたまらないので歌をつくった。自分では言葉がつくれないので、なかにし礼の「さくらの唄」を貰《もら》った。気持ちがわかりすぎて、歌いながら涙がこぼれた。安手の感傷と言えばそれまでだが、明日の見えない不良少年にしてみれば、せめて感傷ぐらいなければ生きていけなかった。歌手が誰も歌ってくれないから、自分で歌ってレコードを出した。一枚も売れなかった。

これで皆《み》んないいんだ　悲しみも
君と見た夢も　おわったことさ
愛した君も　今頃は
僕のことを忘れて　幸福《しあわせ》だろう

おやすみをいわず　ねむろうか
やさしく匂う　さくらの下で
さくらの下で

ワンコーラス八小節の短い歌である。その単調な繰り返しである。好きだった人がいなくなって、それでなくても淋しいだけの毎日に、もう何もなくなってしまった。目に映る何もなく、耳に聞こえるどんな音もなく、ただ何処《どこ》かで桜の匂いがする——。それだけの歌である。けれど、男なら、この小さな歌を聴いたら誰だって泣く。それはきっと、不良少年が二人、背中合わせにもたれ合って歌った歌だからだと思う。男は誰でも、心の片隅でいつも一人の不良少年である。

私がどういう機会に一枚も売れなかった「さくらの唄」を聴いたかは、どうしても思い出せない。偶然、かなり以前に廃盤になっていたそのレコードを手に入れたのか、それとも誰か秘かなファンがいて、その人から聞いたのか、いずれにしても、まだなかにし礼とも、三木たかしとも、知り合う前の話である。どうやってこの歌が生まれたか、その経緯《いきさつ》だってもちろん知らなかった。それなのに、何度聴いても泣けてしまうのである。このまま放っておくのが何とも気持ち悪くて、いろんな人に訊いて歩いても、誰もそんな歌は知らないという。こんないい歌が、誰にも知られないで眠っている——それは、とても情けなく、悲しいことのように思えた。売れなかった歌というのは、眠っているというよりは、死んでいるということだ。考えてみれば、売れなかったというだけの理由で、いい歌がいくつも死んでいるのかもしれない。しかし、この「さくらの唄」だけは、どうにかして蘇らせることができないものだろうか。——ドラマの中で流してみよう、と私は思った。もう二十年も昔の話である。

どう考えても、この歌を歌えるのは美空ひばり以外にないと私は思い込んでしまった。芝居や歌がその人の人生経験だけだとは言えないが、この歌だけは泥水を飲んだことのない人には歌えないし、歌って欲しくないと思ったのである。生きている日々の中で、顔も上げられないくらい恥ずかしい思いを幾つも重ね、重ね重ねた恥の数がとっくに年齢《とし》の数を越え、それでもまだ懲《こ》りないで、という厄介な奴が伏し目がちに歌ってくれてはじめて「さくらの唄」はほんのりと匂うのである。ちょっと大袈裟に言えば、この歌は地獄を覗いて、そこから命からがら、這うように逃げかえった卑怯未練の歌なのである。
それなら美空ひばりしかない。私は自信を持って彼女の所属するコロムビアに交渉に行った。しかし、あっさり断られた。アルバムならともかく、一度他の歌手が歌った曲は、美空ひばりはシングル・カットしないというのである。女王の矜持《きょうじ》である。確かに「さくらの唄」は、何年か前に作曲者の三木たかし自身が歌ってソニーから発売されている。けれど、まるで売れなくて、世の中の誰も知らない歌と言ってもいいくらいなのだ。それなら尚のこと失礼ではないか。そんな前例をつくるわけにはいかない。レコード会社の言い分はもっともだったが、私は粘った。なんとか聴いてだけでも貰えまいか。それほどまで言うのなら、自分で行って頼んでごらんなさい。

私は大きなテープ・レコーダーを抱えて新幹線に乗り、名古屋で公演中の美空ひばりを訪ねた。いまみたいにコンパクトなメカがないころの話である。早く着いたので御園座《みそのざ》で彼女のステージを観た。圧倒的な歌だった。どろどろに濁った沼の底から髪振り乱して這い上がり、そのままの姿でにっこり笑ってみせる凄惨さがどの歌にもあった。通俗の果ての美しさがそこにはあった。なかにし礼や、三木たかしもかなわない聖娼婦が、そこにいた。何日通っても「さくらの唄」を歌って貰おうと私は思った。

「もう一度聴かせてください」。美空ひばりの声はすっかりつぶれていた。老婆のようにかすれた声だった。私はテープを頭に戻してボタンを押した。

何もかも僕は　なくしたの
生きてることが　つらくてならぬ

しんとした終演後の楽屋に、三木たかしの咽《むせ》ぶような歌が流れた。ちょっと泣き過ぎだと私は思った。もっと、微笑《わら》いながら人に話しかけるように歌えばよかったのに——。すると、私が思ったその通りの歌い方で「さくらの唄」が何処かから聞こえてくるではないか。びっくりして見ると、美空ひばりが目をつむって歌っていた。だるそうに楽屋の柱に寄りかかり、疲れた横顔に、疲れた笑いを浮かべて、歌っていた。

これで皆んないいんだ　悲しみも
君と見た夢も　おわったことさ

安っぽい人情噺と言われてもいい。私はこの夜のことを一生忘れないだろう。ひばりはポロポロ涙をこぼして歌っていたのである。そしてテープが終わると、私に向かって坐り直し、「歌わせていただきます」と嗄《しゃが》れた声で言って、それから天女のようにきれいに微笑った。「本当は、こういう歌を私の最後の歌にすればいいのでしょうが、まだ死ぬわけにいかないので――」。冗談のように彼女は言ったが、私を含めて周りの誰も笑わなかった。それくらい、ひんやりと体の底まで冷えていくような「さくらの唄」だった。

おやすみを言わず　ねむろうか
やさしく匂う　さくらの下で

美空ひばりの「さくらの唄」は、おなじタイトルのドラマの主題歌として、半年の間、毎週テレビから流れ、同時にレコードとして全国で発売されたが、ほとんど売れなかった。私は、美空ひばりの絶唱だったといまでも思っている。どう聴いても文句のつけようのない、文字どおりの絶唱だった。言い訳めくが、あまり良過ぎても、レコードというものは売れないのである。けれど、いつ、どんなときに聴いても泣いてしまうという歌は、そうあるものではない。いまからでも遅くはない。「美空ひばり全集」で、一度でいいから聴いてみて欲しい。少なくとも私一人は、あの歌が美空ひばりの〈ラスト・ソング〉だと信じているのだから——。

ちあきなおみ

美空ひばりがいなくなって、いま日本でいちばんの艶歌歌手はちあきなおみである。もう峠を越えたという人もいるが、そんなことはない。あの上手さは天賦のものである上に年季も入っていて、その気にさえなればあと十年やそこらは日本一でいられる。ひばりといえば「悲しい酒」とか「川の流れのように」のような、人生的な歌がまず挙《あ》げられるのが普通になっているようだが、それはあの人の淋しかった晩年や、早過ぎた死がまだ記憶に新しいからで、つまり悲劇に似合う歌を私たちがつい思い出すからであって、あの人のテクニックの凄さは、「東京キッド」とか「二人の瞳」とかを聴くといちばんよくわかる。俗にいう〈鼻唄まじり〉という奴で、これをやらせたら誰もひばりに敵わなかった。「二人の瞳」というのは、昭和二十七年にハリウッドから人気子役のマーガレット・オブライエンを招いて大映が作った映画の主題歌で、ひばりの代表作には入っていないようだが、こんなに気持ちよく上手い歌はちょっとない。この歌をいま歌えるとすれば、それがちあきなおみなのである。

このごろの艶歌は、みんないやに大層で、しみじみと深刻で、妙に文芸的で、銭湯帰りに風に吹かれて歌う歌や、蕎麦屋の出前持ちが自転車の片手ハンドルで歌う歌がなくなってしまった。あるいは、小唄、端唄、民謡、俗謡、それに浪曲の節まわしや、匂いのするものがほとんど絶滅に近くなっている。こういった類いを、みんなこなせるのがちあきなおみなのに、この人、あまり艶歌を歌いたがらないから不思議である。「喝采《かっさい》」や「夜間飛行」も私は好きだったが、「酒場川」や「さだめ川」や「矢切の渡し」、あるいは「新宿情話」など、一連の船村徹節が忘れられない。ほどほどに軽くて、ほどほどに投げやりで、だからこそ悲しくて胸にしみた。この人が気を入れて歌いだせば、石川さゆりも、坂本冬美も、香西かおりも、みんな元気になる。一人上手い歌手が現れると、それにつられて、みんなが上手くなるから、この世界は面白い。

十年ほど前になるが、「ちょっと噂の女たち」というドラマのシリーズで、毎回一曲ずつこの人に艶歌を歌ってもらったことがある。「涙の酒」とか、小林旭《こばやしあきら》の「落日」とか、「おんなの宿」とか、いわゆる〈くさい唄〉ばかりをわざと選んで歌ってもらったのだが、これがなんとも良かった。本番でこの人が歌い終わると、いつもスタッフの間から感動の拍手が起こったくらいだった。自分で撮っていながら、泣いているカメラマンもいた。どうして艶歌を歌わないのだろう。名人のピッチャーは、〈抜いた〉球を投げるというが、ちあきなおみは〈抜く〉ことを知っている、美空ひばり以来の歌手なのである。

ご主人をなくして元気がないというが、もう一度歌って欲しいいし、芝居もやってもらいたい。「國語元年」も〈タンスにゴン〉も、あれは他の誰にもできない、おかしくてやがて悲しい名演だった。

砂金、掌に掬えば――なかにし礼

1

誰にでも、諳《そら》んじている詩句のようなものが幾つかはあるものだ。私たちより以前の世代は漢詩を諳んじている人が多かった。《天地正大気粋然鐘神州》（藤田《ふじた》東湖《とうこ》「正気歌《せいきのうた》」）のたぐいである。あるいは明治・大正のいわゆる定型詩なども好まれていたようだった。薄田《すすきだ》泣菫《きゅうきん》とか土井《どい》晩翠《ばんすい》とか、少し下っては与謝野晶子や島崎藤村の詩句を朗々と暗誦してみせてくれる国語の教師が、私の中学生のころはどこの学校にもいたものだった。「千曲川旅情の歌」や「君死にたまふこと勿《なか》れ」はそれらの中でも、いつもヒット・チャートの上位を占めていた。もう少し若い女教師になると、上田敏の『海潮音』ということになる。カール・ブッセなどというドイツの詩人は『世界文学辞典』を調べてもよく判らない程度の詩人なのだが、私たちのころの中学生ならたいてい、《山のあなたの空遠く、幸ひ住むと人の言ふ》というフレーズと共にその名を知っていた。ヴェルレエヌの「落葉」などは、いまでも鈴木信太郎の訳よりも《秋の日の　ヴィオロンの　ためいきの　身にしみて　ひたぶるに　うら悲し。》の方が有名だというが、この上田敏の訳が出たのが明治三十八年なのだから妙と言えば妙である。

　私たちの時代は、戦後の民主教育と旧教育との端境期であったから、まだ暗記とか暗誦とかいう勉強の方法が当り前で、だから美しい詩句をうっとりと目を閉じて諳んじる女教師がいても何の不思議もなかったのだが、このごろはどうなのだろうかと思って今の女子高生などに訊いてみると、やはりそういう人はたまにいるらしく、但《ただ》し詩人の顔ぶれが変って立原道造と中原中也が多いという。なるほど、立原道造は定型詩ではないが、

　美しいものにならほほゑむがよい
　涙よ　いつまでも　かはかずにあれ……
（「溢れひたす闇に」）

とか、

　あはれな　僕の魂よ

おそい秋の午后には　行くがいい
建築と建築とがさびしい影を曳いてゐる
人どほりのすくない　裏道を

（「晩秋」）

のように、言葉にある種のリズムがあり、しかもフランスのソネット形式（四・四・三・三行）を模しているので覚えやすいのだろう。

一方、中也は道造ほど情緒過多ではないが、定型詩が多いのでその分暗誦に向いている。「朝の歌」にしても「臨終」にしても、暗いけれども耳には快いものがある。「汚れっちまった悲しみに」や、「サーカス」は完全な七五調で書かれてあるし、「含羞《はぢらひ》」（在りし日の歌）にしても、

なにゆゑに　こころかくは羞《は》ぢらふ
秋　風白き日の山かげなりき
椎の枯葉の落窪に
幹々は、いやにおとなび彳《た》ちゐたり

という具合に変則の七五調なのである。
やはり、こういうものは言葉にリズムがあった方が良い。考えてみると、私の場合いまでもふと口をついて出る詩句は、だいたい二十歳までの文学少年時代に覚えたものがほとんどだが、長い年月の間、忘れないでいるのは一つにはそのリズムのせいであろう。そんなに沢山諳んじているわけでもないが、例えば三好達治の「乳母車」は、ほぼ定型である。

母よ——
淡くかなしきもののふるなり
紫陽花《あじさい》いろのもののふるなり
はてしなき並樹のかげを
そうそうと風のふくなり

この詩は、中学生のころ年上の女《ひと》に教えられた。髪がまっすぐに長く、ほっそりと美しい人だったが、薄い唇の色が中学生の私には朱《あか》すぎた。ほかにも、伊東静雄の「水中花」「八月の石にすがりて」など、覚えているのはどれも定型またはそれに近い。伊東静雄で例外は「若死」ぐらいであろうか。一つを思い出すと次を思い出す。津村信夫や大手拓次や、少年時代に持てるだけ抱《かか》えこんだ手荷物は思ったより沢山あるものだ。好きだから抱えこんだのだろうし、好きだからこそ道中捨てきれなかったのだろう。誰しも覚えはあろうけど、この厄介な手荷物は墓場まで持って行くしかない。

大人になってからだって多くの詩句に出逢ったはずである。新しいものを識《し》ったはずである。それなのに、どうしても言わば体がそれを受け付けないのである。頭が悪くなったせいもあるかもしれないが、どうしてこうも少年時代の選択に拘《こだわ》りつづけるのだろうか。あるいは暗誦ということについては、頭脳に一定のキャパシティがあるのだろうか。例えばランボオの訳詩にしても、幾種類か識ることがあったのに、やはり創元社版の小林秀雄ということになってしまうのである。《あゝ、季節よ、城よ、無疵《きず》なこゝろが何処にある。》しかないのである。それともランボオは結局、小林秀雄ということなのだろうか。

もしかしたら、いままで挙げた詩人たちよりも、私は寺山修司の方を愛してるかもしれない。好きな詩や短歌も数多くある。寺山が死んだとき体から力が抜けたくらいである。それなのに覚えているのは、《売りにゆく柱時計がふいに鳴る　横抱きにして枯野ゆくとき》と、《ほどかれて少女の髪にむすばれし　葬儀の花の花こそばかな》、そして《わが息もて花粉どこまでとばすとも　青森県を越ゆる由なし》《駈けてきてふいにとまればわれをこえて　ゆく風たちの時を呼ぶこえ》、これくらいなのである。はるか昔の与謝野晶子や山川登美子の短歌ならもっと沢山諳んじているのに、である。吉井勇や島木赤彦を覚えているのに、である。

ここで唐突に、なかにし礼が登場する。奇異に思う向きもあるかもしれないが、私にとってはここまでに名を挙げて来た詩人たちとなかにし礼とは、何の躊躇《ためら》いもなく同格なのである。ただ、ちょっと違うのはなかにし礼が私の少年時代以後の詩人だということである。彼と私とは、ほぼ同世代である。なかにし礼の作品は言うまでもなく歌謡曲の詞がほとんどで、つまり〈詩〉というよりは〈詞〉とされているのだが、私の中では彼の書いた何行かは煌《きら》めくような紛れもない詩句であり、あるる朝ふと口をついて出るリズミカルな言の葉であり、捨て去れない心の手荷物なのである。譬《たと》えて言えば、《わたしの心に　ぽっかりとあいた　小さな穴から　青空が見える》（「自由の女神」）というフレーズは、私には伊東静雄の、《すべてのも

のは吾にむかひて　死ねといふ、　わが水無月のなどかくはうつくしき。》という一節と同じくらいに戦慄的だし、《残されてしまったの　雨降る町に　悲しみの眼の中を　あの人が逃げる》（「あなたならどうする」）と、中也の、《その日　その幹の隙《ひま》　睦みし瞳　姉らしき色　きみはありにし》（「含羞《はぢらひ》」）とを、私はごく自然に並列するのである。私はこんなことを考える――私は感傷的な文学少年くずれだから、死ぬときに何か詩の一節を口の中でモゴモゴと呟いてみたくなるかもしれない。なるべく上等な奴を、と焦るのだが頭が弱っていて幾つも諳んじているはずの詩句がうまく出て来ない。そして時間切れで、私はなかにし礼を選ぶのではなかろうか。しかしこれは真実の選択である。恥を知る者だけが、詩を愛することができる。私のこれまでの人生は、数えきれない恥の数である。恥ずかしいことがあまりに多かったから、私はなかにし礼が好きなのである。

なかにし礼に限らず、歌謡曲の詞の中には突然、奇蹟のような目眩《めくるめ》くフレーズの現れることがある。山口洋子がハニーナイツというムード歌謡のグループに書いた詞の中に《春が来たのに　さよならね》という一行があるが、いかにも下俗な艶歌のようでこの一行の中には、もしかしたらマラルメと同じくらいに重い、人生の真実があるのかもしれない。奇を衒《てら》っているようだが、本当にそう思う。《男もつら

いし女もつらい　男と女はなおつらい》は、阿久悠の作であるが、見るからに常套的な艶歌の文句のようで、実はそう簡単に出て来るものではない。臨終《いまわ》の際《きわ》に心過《よぎ》るのは、存外こんな言葉なのである。《窓をあければお茶の水　赤い電車が走ってた》（阿久悠「お茶の水えれじい」）、《もっと尽くせばよかったわ》（橋本淳「大阪の女《ひと》」）、《あゝ　月は女ですか　あゝ　寝返りのたび移ろう》（阿木燿子「十六夜《いざよい》小夜曲《セレナーデ》」）――どれも恥知る人の心からこぼれ落ちた詩句である。

なかにし礼に『ラディゲ詩集』の訳詩があるのを人はあまり知らない。昭和四十八年に彌生書房から出ている。彼はこの早熟の天才を大学の卒論にも選んだという。私たちの少年時代には、ラディゲの訳と言えば新庄嘉章《しんじようよしあきら》と相場がきまっていたものだが、なかにし礼は作詞家として名を成した後に敢えてこの訳を試みている。ラディゲの硬質ガラスのような精神はやはり新庄訳という気がするが、座標の定まらない少年期の不安の揺曳みたいなものが、なかにし礼訳にはあって面白い。新庄訳を線の訳とすれば、なかにし訳は点の訳である。言葉が点となって躍っている分だけ軽く感じられるのは仕方のないことだろう。フランスの詩から歌謡曲の作詞と言えば、すぐに思い出されるのが西条八十である。若い日にソルボンヌでロンサールからマラルメ、ヴァレリーに至る詩を学び、その晩年まで三十数年を費して『アルチュール・ランボオ研究』に心血を注いだ西条八十は、同時に「東京行進曲」や「蘇州夜曲」「青い山脈」「王将」などの作詞家だったのである。

2

詩人の魂とは、〈恥〉のことだと私は思っている。〈恥〉と言ってもその次元は意外に低いものだとも思っている。怯懦《きょうだ》とか躊躇《ちゅうちょ》とか、脆弱《ぜいじゃく》とか怠惰とか、抽象名詞に置き換えて言えば上等めいて聴こえるが、女を欺《だま》して逃げたり、喧嘩する度胸がなくてにやにや笑って誤魔化したり、人の憐れみに甘えて金を借りたり、そんな人生のおよそ凡俗な痛みこそが詩人の魂なのだと思う。恥ずかしくてとても医者に見せられない傷だから、こそこそと詩に書いて痛みを和らげようとするのである。拭っても拭っても汚れの落ちない不快な傷痕だから、言葉で飾って束の間の安堵を求めるのである。だから詩篇の透明度とは詩人の人生の汚染度とも言えるし、珠玉の数は恥の数だとも言える。恥の上にまた恥を重ね、数え切れない恥の数を南京玉のように繋《つな》ぎ合わせ、それをずるずると未練がましく引きずって歩くのが詩人の姿である。恥の数だけ不安が増して、その人生の不安に追われて振り返り振り返り逃げ惑うのが詩人の後姿なのである。

危険で不健康な思想ではあるが、懶惰《らんだ》の人生が珠《たま》のような詩の母胎であることも真実である。背徳についても同様である。ヴェルレエヌがマチルドとの女色と、ランボオとの男色との間を時計の振子のように揺れ渡り、その両者に拒絶されて錯乱、ランボオに拳銃を発射しなければ「叡智」は書かれることがなかっただろう。フランソワ・ヴィヨンは女のことで一人の破戒僧を殺して逃げ、盗賊となって《去年《こぞ》の雪、いまいずこ》の一行を書いた。中原中也の作品の半分は、長谷川泰子という女への執着と怨嗟《えんさ》によって書かれ、その女を奪った小林秀雄との奇妙な友愛関係が縒《よ》り糸《いと》になってそれらの詩篇は繋がれている。女との肉欲は湿った悲哀となって詩人の中に澱《おり》のように残り、女と小林と自分の三人が乱反射する鏡屋敷の中で踊り狂う様が夜毎の夢に現れ、その悪夢の向うに中也は死を見るのである。元をただせば凡俗の三角関係である。コキュの恥辱である。しかし、私たちの誰もが持ち合わせている恥が、溢れに溢れて詩人の掌から零《こぼ》れ落ちたとき、それらは砂金のようにキラキラ輝く詩篇となるのである。

なかにし礼は、ある時期、自分の人生の恥を恐れもなく歌謡曲の詞の中に曝《さら》してみせた。だからその時期、彼は作詞家と言うよりは紛れもない詩人であった。それまでも放埒《ほうらつ》な生活を送って来ただけの作詞家は幾らもいたことだろう。陋巷《ろうこう》の片隅で酒や女に溺れきって書いていた作詞家も決して珍しくはなかっただろう。むしろそういう生活は作詞家に限らず、画家とか小説家とか映画監督の通例である。珍しくもなんともない。ただ凡俗の恥をそのままに素直に恥じ、その恥をも自分の皮膚のように愛撫し、捨て切れないで自分の中に溢れさせたのがその時期のなかにし礼であった。このころのなかにし礼の詩は、甘美なメロディに装われてはいたが、地獄を垣間見た歌であった。ちらりと覗き見た地獄から這々《ほうほう》の体で逃げ出してふと立ち停まり、もういちど抜き足差し足でとって返して確かめた地獄の唄である。そこには彼が愛したり欺したりした女たちが髪抜け落ちて空ろな目でさまよっていたかもしれない。この世に生まれ出ることのなかった死児たちが、真っ白い枯れ枝に幾つも蟬のようにとまっていたかもしれない。なかにし礼は、そういう白茶けた光景を大胆に歌謡曲の中に写し出してみせたのである。

その時期というのは、昭和四十年ごろからおよそ数年間のことである。多分それは、彼が放逸怯懦《ほういつきょうだ》な日々を送っていたころだろう。「知りたくないの」から「別れの朝」までの約七年間に、なかにし礼は主に男と女の地獄の風景をセピアがかったファインダーを通して歌ってみせた。このころの彼のヒットソングは、「恋のハレルヤ」「天使の誘惑」「愛のさざなみ」「夕月」「知りすぎたのね」「人形の家」「今日でお別れ」「港町ブルース」「恋狂い」「手紙」「昭和おんなブルース」「雨がやんだら」など数え切れないくらいだが、これらの歌の中でなかにし礼がそれまでの歌謡曲になかった男と女のシチュエーションとして描いたのが、〈同棲〉、それも少し不倫の匂いのする〈同棲〉の情景であった。だいたいなかにし礼以前の歌謡曲の男女関係は、純愛、片思い、日蔭の花あるいは待っている女、などが典型であり、その表現も抽象的なものが多かった。《嬉しがらせて泣かせて消えた　憎いあの夜の旅の風》(藤間哲郎「おんな船頭唄」)のような比喩であったり、《忘られぬ瞳よ　呼べど並木に消えて　ああ　哀愁の街に霧が降る》(佐伯孝夫「哀愁の街に霧が降る」)に見られる風景への仮託であったり、あるいは女は待つ身、男は訪問者《ビジター》のパターン、《気強くあきらめ　帰した夜は　更けて涙の通り雨》(西条八十「ゲイシャワルツ」)、《きっとくるよの気休めは　旅のお方の口ぐせか》(関沢新一「涙の連絡船」)などがいわゆる流行歌の文句だったのを、なかにし礼は男と女が言わば五分の条件で、ある時間と空間を共有する〈同棲〉形態をかなりはっきりと歌謡曲の中に持ち込んだのであった。更に彼はその情景に、具体的な愛の小道具を使ってみせたりもした。《あなたの背広や身のまわりに　やさしく気をくばる胸はずむ仕事は》（「今日でお別れ」）、《二人で飾ったレースをはずし　二人で開けた窓に鍵をかけ》（「手紙」）、《あなたがつくったインクのしみを　花瓶をずらして隠しましょう》（「雨がやんだら」）の類である。今でこそ同棲ソングなど掃いて捨てるほどあるが、これはなかにし礼の〈発明〉だったのである。上村一夫の劇画『同棲時代』がヒットしたのは昭和四十七年であったが、なかにし礼はそれより数年早く歌の〈同棲時代〉を発明していたのである。

　同棲が健康に発展して結婚に至ることもあるが、多くの場合それは別れを予期した愛の形態である。お互いにお互いを信用し合っていない印鑑の捺《お》されてない契約書である。明日ふっと消えてもなんの不思議もない不信の情景である。床板一枚あげれば地獄かもしれない。部屋数は一つか、多くて二つである。なかにし礼は、その家具の少ない一部屋に開き直って、女への嘘の数々をそのまま言葉にしてみせたのである。壁にかかった少女趣味の複製画を破り捨ててみせたのである。痩《や》せた背に女の罵声を浴びながら、安アパートの鉄階段をわざとゆっくり降りて行く自分の姿にメロディをつけてみせたのである。どこからどう見ても恥ずかしい姿だったに違いない。なかにし礼の踏んだ雪は、いつも汚れていたのである。
だからそのころ、なかにし礼は詩人であった。忘れられない詩句や、忘れられない風景が幾つもある。「別れの朝」は外国曲で一応訳詞ということになっているが、これは彼の創作である。

やがて汽車は　出てゆき
一人残る　私は
ちぎれるほど　手をふる
あなたの目を　見ていた
（「別れの朝」）

なんでもない言葉だけで綴られていて、これほど切実な明るい朝の情景を、私は他に知らない。

私の心に　ぽっかりとあいた
小さな穴から　青空が見える
（「自由の女神」）

この視角は異常である。またとない不思議な視角と言える。だから切り取られた小さな空の青さもまた、異常なくらい美しい。このころなかにし礼の目に、青空は遠かったのだろう。地の底から見れば、いつか見た青空はあまりに遠すぎ、あまりに美しすぎるのである。

残されてしまったの　雨降る町に
悲しみの眼の中を　あの人が逃げる
（「あなたならどうする」）

こんな詩句はどうやって生まれるのだろう。一行目の凡庸さのあとに現れる二行目は、奇蹟のようである。ここでも視角が突然変わっている。つまり〈逃げるあの人〉を映した眼をもう一つの眼が悲しく見つめているのである。ジェームズ・ボンド・シリーズのタイトルのような視角である。このあたりの視角あるいは表現の不思議さには、なかにし礼の経歴の中のラディゲや、シャンソンの訳詩の影響があるのかもしれない。似たような感じがポール・エリュアールやジャック・プレヴェールの詩の中に窺《うかが》われるのである。

他にも好きな詩句は幾つもある。《砂浜で泣きまねすると　やさしい声が流れて来るの》（「天使の誘惑」）、《どうして　みんな恋しているんでしょう》（「雲にのりたい」）、《この世に神様が　本当にいるなら》（「愛のさざなみ」）、どれもふとした時に口をついて出る、気持の良い言葉である。阿木燿子にも流れ星のように心を過る詩句が数多くあるが、阿木燿子のが天空から降って来た言葉だとすれば、なかにし礼のそれは汚れた恥の中から拾い上げた言葉である。同じ優しさと輝きを持っているようで原産地が違う。なかにし礼はどうしても恥辱の似合う詩人である。

あれから十数年、〈恥の市〉あたりでなかにし礼を見かけたという噂を、私は聴かない。

阿久悠の向うに海が見える

阿久悠《あくゆう》の向うに海が見える。白く光る海が見える。行き遇《あ》うのが都会の真ん中でも、その時刻が重い雨に降りこめられた夜半でも、きまって彼の肩のうしろには海が光って見えるから、私たちはちょっと戸惑ってしまうことがある。しかし、私たちのまわりには、時々そんな人がいるものだ。たとえば横尾忠則、この人が角を曲がって現れるとき、その姿より先に何かキラキラ光る細かい金属の粉のようなものが風に舞ってこっちへやって来るのが見える。その不思議な煌《きら》めきが横尾忠則の予感である。あるいは小林亜星、奇異に思う向きもあるだろうが、この人のまわりには微かな桜の香りが漂っている。別に上等のオー・デ・コロンをつけているわけではない。本人も知らない馥郁《ふくいく》たる香りである。そう言えば、死んだ澁澤龍彥の行くところ、まるでその影を追うように、彼の周囲には白昼でも艶やかな闇が垂れこめていた。

あるひとつことに拘泥《こうでい》しつづけたり、たとえ偏《かたよ》りすぎるくらい偏っていたとしても、その人にしかない確かな人生を経て来た人たちの周辺には、こうした色や輝きや匂い、音や温度や空気の動き、そういったものがはっきり感じられるものだが、それは別に神秘でも何でもない。見えつ隠れつその人の想念の中に絶えずあるものが、水がゆっくり滴るように流れ出ているだけの話である。横尾忠則はいつも異星人のことを想っている。小林亜星の音楽の原風景は狂わんばかりに咲き乱れる爛漫の桜である。澁澤龍彦が一生かけて瞶《みつ》めつづけたのは、人の心の奥底の漆黒の闇だった。それならば、阿久悠の彼方に光るあの海はいったい何なのだろう。

想念などと言うと難しくなるから、話をもう少しわかりやすくしよう。俳句のように、人にもそれぞれ季語、季題のようなものが一つずつある、というのはどうだろう。たとえば竹久夢二なら〈女〉、ずいぶん名誉な季語である。乱歩は〈幻《まぼろし》〉、山頭火が〈風〉で昭和天皇は〈金木犀《きんもくせい》〉。他人のことばかりでは面白くないから自分についても考えてみるのだが、残念なことに季語らしいもの、何も浮かばない。きっと五十年、無為に過ごして来たのだろうと、ちょっと淋しくもなる。人間、季語のひとつぐらいは懐にしのばせて死にたいものだが、いまとなってはもう遅い。

ところで、阿久悠の季語はまぎれもなく〈海〉である。そう言ったらある友人が、〈少年〉というのはどうだろうと言う。なるほどそれもあるかもしれない。一瞬、中年の阿久悠の姿にオーバーラップして、麦藁帽子にランニングシャツの少年が見えはしたが、私の歳時記では〈少年〉はいま少しいろっぽい季語である。この季語は、昭和のはじめの挿し絵画家・高畠華宵《たかばたけかしょう》の方がよく似合う。「馬賊の唄」の、あの白馬に頬寄せた山内日出男少年の絵姿を見たら、阿久悠だって辞退するだろう。あれは幻、昭和の危《あぶ》な絵《え》である。そうなるとやっぱり阿久悠は〈海〉できまりである。

「瀬戸内少年野球団」のラスト・シーンを覚えているだろうか。島を去るムメを乗せた連絡船が港を離れ、黒い点になって消えて行く船を見つめながら、残された竜太はハーモニカを吹き、バラケツが怒鳴るように唄う。曲は田端義夫の「別れ船」である。

名残りつきない　はてしない
別れ出船の　かねがなる
思いなおして　あきらめて
夢は潮路に　捨ててゆく

〈疎開小説〉というジャンルがもしあるとしたなら、阿久悠の「瀬戸内少年野球団」は小沼丹の「村のエトランジエ」と並んで〈疎開小説〉の傑作であった。前者が疎開者を迎える地方の少年たちの立場から書かれているのに対し、後者には都会からの訪問者としての小心で怯懦《きょうだ》の眼があり、作家の出身からしても両者は対照的なのだが、昭和二十年代はじめの地方と中央の接触が、庶民の文化や心情、生活風習に言語、絶えず揺れ動くセンチメント、あるいはそれぞれが五分に抱いていた優越感と劣等感、など様々な面でナイーヴに描かれていて、あの時代に少年だった私たち世代にとっては、ともに甘くもあり、おなじくらいに苦くもある忘れがたい作品なのである。〈疎開小説〉と言われるのを阿久悠は嫌がるかもしれないが、呼称はどうあれ、地方へ疎開して中央に戻って行った少年たちと、疎開者を知ったことによって都会へ誘われるように出て行った少年たちとが、それ以後おなじように、戦後の何やら胡散《うさん》臭い文化の中に半信半疑のまま呑み込まれて行ったことを考えると、日本の歴史にたった一度しかなかった、ごく短い期間における両者の接点はすべてこの二つの小説の中に描かれていると言っていい。

「別れ船」はそういう阿久悠のキイ・ソングである。彼は死ぬまで忘れない歌として、かならずこの「別れ船」と「悲しき竹笛」を挙げる。「悲しき竹笛」はやはり「瀬戸内少年野球団」に竜太が聴くたびに悲しくなる歌として出てくるが、これもおなじころ、昭和二十一年に近江俊郎と奈良光枝がデュエットして流行《はや》った歌だった。

ひとり都の　たそがれに
思い哀しく　笛を吹く
ああ　細くはかなき　竹笛なれど
こめし願いを　君知るや

〈都〉という言葉が冒頭から現れるこの歌は、少年阿久悠にとってセンチメントの次元での〈東京〉の象徴だったはずである。この歌は限りなく甘く、耳にするたび繰り返し繰り返し、彼を〈都〉へ手招きする。もうひとつの阿久悠のキイ・ソングである。一方、「別れ船」が彼に囁いたのは残された少年の悲しみだった。行ってしまった少女は、中央の文化と同義語である。そして、この二つの歌が淡路島の少年の中に、烈しいエネルギーを呼び起こした。〈海〉が果てしなくひろがる「別れ船」と、〈海〉のまったく見えない「悲しき竹笛」と。

阿久悠において対極にあるこの二つの歌に共通してあるのは、それとしかうまく言いようのない〈あのころ〉のデカダンである。戦争が終わって世の中明るくなったのだと大人たちは言うが、これは本当の明るさなのだろうか。空が青ければ青いほど不安になるのはどうしてだろう。〈自由〉とか〈解放〉とか大人たちは間延びした顔で喜んでいるけれど、どうして自分たちは素直に馴染めないのだろう。私たちは、前の時代に何かとんでもない忘れ物をして来たのではなかろうか。……あのころの少年たちは、みんなそんな風に思っていた。そんな風にひねくれてみせた少年たちの耳に流れ込んでくる歌は、希望の歌も、恋の歌も、どこか虚しくデカダンだったのである。新しい教科書も信じがたく、戦争帰りの教師の気弱に泳ぐ眼も信じがたく、いい時代になったと言いながら妙に言葉少なになった親も信じがたく、それなら何を信じようと考えたところでわかるはずもなく、せめて大人の歌でも歌おうかと歌う歌がデカダンなのは当たり前だった。

だから、〈あのころ〉少年だった私たちの世代は、みんな一つずつ忘れられないデカダンの歌を持っている。阿久悠の親友だった、死んだ上村一夫は「港が見える丘」だった。酔えばギターを抱え、抜けた歯の間から洩れる吐息のように呟《つぶや》く上村の「港が見える丘」を、私は阿久悠といっしょに何度泣き笑いしながら聴いたことだろう。倉本聰は「君待てども」だという。昭和二十三年、「港が見える丘」とおなじ平野愛子が歌った絶望的なブルースである。小林亜星は、いまでも「星の流れに」を歌っていて、三番の《飢えていまごろ妹はどこに、一目逢いたいお母さん》というフレーズに来ると涙を流す。和田誠は岡晴夫の「東京の花売娘」、松井邦雄はサトウハチローの「黒いパイプ」というタンゴ、私はと言えば、「悲しき竹笛」とおなじ昭和二十一年に柴田つる子というあまり有名ではない歌手が歌った「港に灯りの点《とも》る頃」だった。そんなデカダンの歌を一つずつ大切そうに抱えこんで、こんなにも拘《こだわ》りつづける〈あのころ〉とはいったい何だったのだろう、と繰り返し自問しているのが私や阿久悠の世代なのである。

阿久悠の〈海〉がだんだん見えて来た。彼の季語である〈海〉は、宮城道雄の春の海でもなければ、裕次郎の海でもなく、青木繁の「海の幸」の海でもない。阿久悠の向うに白く光って見えるのは、〈あのころ〉の〈海〉なのである。近年、彼が特に小説というジャンルで捜しつづけているのは、あの輝く〈海〉の上に浮かべてよく似合う文化ということではないだろうか。〈あのころ〉私たちが鵜呑みにさせられ、途中からは私たち自身も参加して行った戦後の文化は、あの輝く〈海〉を前にしたとき、はたして恥ずかしくないものだったろうか。そう問いかけることは、もしかしたら「瀬戸内少年野球団」の島の少年たちが塗りつぶした教科書の墨を、四十数年経ったいま、もう一度洗い流してみることかもしれないし、「別れ船」を真顔で、しかも大声で歌ってみることかもしれない。そのとき、あの朝焼けの水平線の上に何かが見えて来るだろう。その朝まで、私たちは死ぬわけにはいかないのだ。

みんな夢の中

実は、あなたは最後に何を聴きたいか、あなたのラスト・ソングは何ですか、というのは、もう二十年ほど前、亡くなったハマクラさんこと、浜口庫之助《はまぐちくらのすけ》さんと話していて、ふと出た話題だった。そんな話になったのは、音楽葬というのがよくあるけれど、あれはあんまり好きじゃないと、ハマクラさんがおっしゃったのがきっかけだった。作曲家が死ぬと、よくその人の曲を式場に流すことがあるが、自分で作った歌というものは、どんなに売れなかった歌でも、一つ一つみんな愛《いと》しいけれど、葬式にきてくれる人たちにとっては、泣けとばかりに押しつけがましくて迷惑だというのである。私などは、次々に流れる曲を聴きながら故人を偲《しの》ぶのも悪くないのにと思ったものだが、作る人にしてみれば、そんなものかもしれない。そんな雑談のあと、ハマクラさんはおっしゃった。——ぼくなら、ぼくがいちばん好きだった歌をやって欲しいね。

それが何という歌かは、聞き洩らした。というよりは、ハマクラさんは何も言わなかった。自分の作った歌だったのか、そうでなかったのかもわからない。そんな縁起でもない話をしながら、眼鏡のむこうで、あの優しい目が笑っていた。あれは柏《かしわ》のゴルフ場の昼休みだったと思う。なかにし礼と中山大三郎がいっしょだったかもしれない。みんなハマクラさんの話を聞くのが好きだった。談論風発とでもいうのだろうか、みんなを喜ばせるのが好きで、本当か嘘か知れない話も交えて、歌の話、女の話、ずいぶん聞いた。——いつのころからか、そんな話をしてくれるハマクラさんの声が、かすれてきた。笑い声が乾いているので気になった。そして「花と小父さん」のハマクラさんは、咽喉にできた癌で、私たちの周りからいなくなってしまった。——教会でお通夜とお葬式が行なわれた。会場には、きれいな賛美歌が流れていた。

ハマクラさんには名曲がたくさんある。どれか一つを選べと言われたら、マイ・ラスト・ソングを選ぶのとおなじくらい、迷ってしまう。《この世に神様が、本当にいるなら／あなたに抱かれて、私は死にたい……》という「愛のさざなみ」もいい。島倉千代子さんの歌も、とてもいい。「バラが咲いた」も、中学の音楽の教科書に載せて欲しいと思う。にしきのあきらが歌った「もう恋なのか」は、詞も曲もハマクラさんだった。そのころ変に新しい感じの歌だった。《……ああ、この淋しさは／もう恋なのか》というラストのフレーズを聞くと、なんだか胸が痛くなった。「涙くんさよなら」「愛して愛して愛しちゃったのよ」「夜霧よ今夜もありがとう」「恋の町札幌」、みんなハマクラさんの作詞、作曲である。どれも忘れられない、いい歌なのだが、どれも、どこかちょっと変な歌である。変というのは、たぶん新しいということで、これらの歌はそのころ周りで歌われていた歌と比べると、ほんの少しだけ、色とか、顔とか、泣き方とかが変わっていた。ハマクラさんの歌にだけ、ポッカリ花が咲いて見えるのである。

けれど何といっても、ハマクラさんのベスト・ワンは「みんな夢の中」である。昭和四十四年にキングの高田恭子という歌手が歌って、中くらいにヒットした歌だから、もう忘れている人も多いと思うが、わりあい最近、コマーシャルで使われたり、おおたか静流《しずる》がコンサートで歌ったりして、リヴァイヴァルの気配があって嬉しい。

恋はみじかい　夢のようなものだけど
女心は　夢をみるのが好きなの

夢のくちづけ　夢の涙
喜びも悲しみも　みんな夢の中

三年ほど前になるだろうか、縁あって私はハマクラさんの追悼ドラマをつくることになった。はじめの企画は、ごく当たり前の一代記風のものだったが、ハマクラさんを誰がやるかとか、実在の人物たちをどう扱うかとか、ドラマにしにくい部分がいろいろあって、困ってしまった。とにかく私は、忘れられかけているハマクラさんの歌を、ドラマの中で一曲でも多くやりたかった。誰が歌うにしても、上手に歌ってもらわなくては困る。私は玉置浩二の声を思い出した。玉置浩二が「みんな夢の中」を、「バラが咲いた」を、そして「恋の町札幌」を歌ってくれたら、どんなにいいだろう。——偽ハマクラがいたという話はどうだろう。玉置の顔から、私はそんな乱暴な話を思いついた。東北の温泉に、なかにし礼の偽者が現れたということが、ずっと以前あったのを思い出したのである。——札幌に、女にだらしなく、お金にもだらしがなく、ただ、歌が好きで好きで仕方がないという、若い男がおりました。とりわけハマクラの歌が好きで、悪いと思いながら、ハマクラの名を騙《かた》って女たちにもてていました。——そんな流しのギター弾きに玉置浩二、だめな男に尽くす年上の女に、いしだあゆみ、そのあゆみに惚れている暴力団の幹部が小林薫――舞台は雪の札幌、タイトルは「みんな夢の中」――話はすぐにできた。

うらぶれた場末のスナックで歌う、玉置とあゆみのデュエットで私は、まず泣いた。

やさしい言葉で　夢がはじまったのね
いとしい人を　夢でつかまえたのね
身も心も　あげてしまったけど
なんで惜しかろ　どうせ夢だもの

三人の間にいろいろあって、玉置浩二はひょんなことで呆気《あっけ》なく死んでしまう。何にもなくなってしまったあゆみが、冬のある朝、新聞を見たら《浜口庫之助さん逝く》、とある。自分でもよくわからないまま、あゆみは飛行機に乗り、東京の葬儀場へいく。ハマクラさんの写真が笑っていた。その顔に玉置の人懐っこい笑顔がダブり、それが涙で見えなくなった。はじめから終わりまでいい加減だった男のために流した、女のはじめての涙だった。「ハマちゃん、天国でいっしょに歌ってもらいなさいね」。——エンディングに、おおたか静流の歌が流れる。——私は泣き虫だが、自分のドラマに、あんなに泣いたことはない。

冷たい言葉で　暗くなった夢の中
見えない姿を　追いかけてゆく私
泣かないで　なげかないで
消えていった面影も　みんな夢の中

書く人

「満願」

1

太宰治の「満願」は、こんな風に終わっている。

《八月のおわり、私は美しいものを見た。朝、お医者の家の縁側で新聞を読んでいると、私の傍に横坐りに坐っていた奥さんが、

「ああ、うれしそうね。」と小声でそっと囁《ささや》いた。

ふと顔をあげると、すぐ眼のまえの小道を、簡単服を着た清潔な姿が、さっさっと飛ぶようにして歩いていった。白いパラソルをくるくるっとまわした。

「けさ、おゆるしが出たのよ。」奥さんは、また、囁く。

三年、と一口にいっても、――胸が一ぱいになった。年つき経つほど、私には、あの女性の姿が美しく思われる。あれは、お医者の奥さんのさしがねかも知れない。》

最後の一節ではあるが、これで全体の十分の一以上になる。それほど短い小説なのである。けれど、はじめて読んだときから数えて、今日まで四十年余りの間、私の中で、ずっと柔和な光を放ちつづけている佳篇である。太宰には、思い出す作品がたくさんあるが、何かにつけて、この「満願」ほどよく思い出すものはない。人間の幸福について考えるとき、蘇《よみがえ》る。年月について思うとき、心をかすめる。明日の朝、目が覚めたときの自信がない夜、ぼんやりとラストの光景が浮かんでくる。

十分ばかりのミニドラマにしたいものだと、かねてから思っていた。白い日傘が、くるくると回りながら、野の小径《こみち》を遠ざかっていくラスト・シーンは、三十五年、私が撮ってきたどんなドラマのエンディングよりも、きれいで悲しいに違いない。このシーンを観た誰もが、気がつかないうちに涙ぐんでいることだろう。——しかし、私は今日までその思いを果たせないでいる。機会がないのではない。愉《たの》しみを先までとっておこうというのでもない。自信がないのである。太宰の短篇のように、人の心の中にいつまでも棲みつづける映像にする自信が持てないのである。ときどき、そんな作品があるものだ。そして、文学というものは、だから文学なのかもしれない。

「満願」は、話と言えないくらい簡単な話である。――太宰がある年の夏、伊豆の知り合いの二階に籠《こ》もって「ロマネスク」という小説を書いていたときのことである。ある夜、酔っ払って怪我をした太宰が医者に駆け込んだら、西郷隆盛によく似た医者が出てきて、これもまた酔っ払ってふらふらしている。両者なんとなく可笑《おか》しくなって、笑ってしまったのが縁で、仲良くなった。その医者の家では、五種類の新聞をとっていたので、太宰は毎朝の散歩の途中にこの家の縁側に寄って、新聞に目を通すのが日課になる。

都会で懶惰《らんだ》な暮らしをしている太宰にとって、医者の家の縁側から見える田園風景と、医者夫婦の平凡な日常を見ることは、長いこと忘れていたささやかな潤いのように思われた。――この辺りの太宰の文章は、めずらしく素直で、いつものじっとり湿った翳《かげ》りがなく、伊豆の夏風のように気持ちがいい。――太宰がいつも新聞を読んでいる時刻に、清潔そうな若い女の人が薬をとりにきて、何やら診察室で医者と話して帰るのが気にかかりはじめたのは、いつのころからだったろう。医者は、表へ送りに出て、「奥さま、もうすこしのご辛棒ですよ。」と大声で叱咤《しった》したりする。どうしたというのだろう。

そのわけは、医者の奥さんが教えてくれた。その若い奥さんは、小学校の先生の妻で、ご主人は三年前に肺を悪くして、自宅で療養中である。医者は心を鬼にして、その若い奥さんに、いまが大事なときと言って、そのことを固く禁じた。それから三年、奥さんは言いつけを守り、時間はかかったけれど、ご主人は順調に回復する。そして最初に引用した《八月のおわり、私は美しいものを見た。……》ということになるわけである。

「満願」から聞こえてくるのは、太宰の胸の底から湧き上がってくる、低い低い祈りの声である。それは、ずっと後になって「桜桃」に引用される「聖書」の〈詩篇〉の一節、《われ、山にむかひて、目を挙ぐ。救ひはいづこよりきたるや》とおなじくらいに懸命であり、それだけにまた痛切である。しかし、底に流れるものは重くても、この掌篇《しょうへん》の明るさはどうだろう。このときの太宰の目には、かつての、そしてやがてまた戻っていく日々の、斜めの視角も、疑いの眼差《まなざ》しもない。人の忍耐の健気《けなげ》さや、健康というもののすばらしさ、人は他人の力にもなれるのではないか、という奇蹟への信頼が垣間《かいま》見られるのである。

この時期に書かれたものの数篇には、おなじような平穏と、信頼が見てとれる。

「富嶽百景」、「女生徒」、「葉桜と魔笛」などがそれである。昭和十三年から、十四年にかけてのことだった。けれど、そんな風の凪《な》いだ日々は、いつまでもつづかない。やがて黒い雲が胸の谷間におこり、日は翳りはじめ、北から吹き寄せる風の音に、彼の祈りの声はかき消されていく。

2

「満願」のラスト・シーンが、何かにつけて私の中に蘇る。気の重い朝、心ふさぐ日、立ち上がれないほど疲れた夜——努めて思い出そうとするのではなく、「満願」の最後の情景は、私が呼びもしないのに、向うからやってくる。私は目をつむって近づいてくるシーンを待ち、耳をすまして若い奥さんの幸せの声を聴く。そして、野の径《みち》を、くるくるっと白いパラソルを廻して遠ざかる奥さんの姿が、やがて消えると、私はついさっきまでの荒い呼吸が治まり、胸の中のあちこちに逆立っていた棘《とげ》が、いつの間にかなくなっているのに気づく。——「満願」は、私の小さなバイブルである。

この短篇は、四百字の原稿用紙で五枚足らずのものである。掌篇と言っていいほどの、ささやかで、遠慮深い小品である。激しい言葉のやりとりもなく、あっと驚く事件も起こらず、心の裏に染みついた嫌な翳りも見えない。つまり、小説の仕掛けが何一つない。清潔な器に無造作に盛りつけた単純な食物を、ひょいと日当たりのいい朝の縁側に出されたような――そんな感じなのである。私は、この四十年来、静かにこの食物を食べつづけている。

太宰が好きと、どうしてか口に出して言えなかった。つい口にしそうになって、辺りを見回し、人影があると黙った。恥ずかしいことをしているような、もっと言えば、悪いことをしているような気持ちになるのである。だから私は、長い間、おどおどと目の泳いだ〈隠れ太宰〉であった。傘をさして雨の中、三鷹禅林寺《みたかぜんりんじ》の桜桃忌にいったことも、《富士には月見草がよく似合う》と、一人呟いてみたいというそれだけで、御坂峠《みさか》まで出かけたことも、人に言ったことがなかった。その実、好きで好きでならないのである。好きなどという生易しいものではなく、逃げように も逃げきれない血の繋《つな》がりのようなものだった。太宰は、親だった。恥ずかしい、親だった。

別に弁解しようというのではないが、私のような〈隠れ太宰〉は数えきれないくらいたくさんいる。特に、私たちの世代に多い。みんな太宰を、親だと思っている。

自分自身だと思っている。そんな作家が、他にいるだろうか。せいぜい、中也ぐらいのものである。一人の夜、鏡を覗《のぞ》くと、いろんなものが映って見える。怯懦《きょうだ》、裏切り、含羞《はじらい》、スタンド・プレイ、ためらい、黄昏《たそがれ》、思い切りの悪さ、嘘、そして深夜の愛——そんなネガティヴな単語を一つに集めると、太宰になる。〈隠れ太宰〉たちは、窓にカーテンを引いて、一人の夜、鏡を覗く。

私が太宰を知ったのは、中学一年のときだった。その年の六月に、太宰が玉川上水に沈んだ。赤い腰紐で、女と体を結び合って死んだ、そのみっともない死に方が、何もわからない中学生を、水草のからんだ大きな濡れた手で手招きした。私は招かれるままに、その大きな手についていき、ぬかるんで気持ちの悪い草の径を辿《たど》っていった。私の中学、高校時代は、濁った玉川上水の水に、首まで浸かっていたようなものだった。

死んでしまったということは、もうそれ以上書かないということである。この後、私たちを決して裏切らないということである。つまり、カードはすべて揃ったということだった。私はトランプの〈神経衰弱〉のように、太宰のカードを伏せて並べ、丹念に一枚ずつめくっては、不吉なスペードのジャックを見つけ、可憐なハートのエースを確かめ、太宰にはジョーカーがないことを発見して安心した。夜毎、繰り返し繰り返しカードをめくっていたので、私のトランプは汚れ、あちこちに傷までついて、どこにどのカードがあるのか、すぐわかるようになってしまった。「道化の華」は右の隅、「ダス・ゲマイネ」はその隣り、「二十世紀旗手」がいちばん上で、「女の決闘」は左端。——私は受験勉強の参考書の下に太宰を隠して、北国の冬の、長い夜を過ごした。

それから四十年である。私は〈親〉の死んだ歳をはるかに越えてしまった。それなのに、やっぱり太宰は私の〈親〉である。ようやく、このごろになって、小さな声ではあるが、そう言えるようになった。さすがに、夜な夜なカードをめくることはないが、それでも私の引き出しには、あの日のままのトランプが入っている。いちばん上のカードは「満願」である。その下が「葉桜と魔笛」で、それから「女生徒」「雪の夜の話」「富嶽百景」「津軽」と、だいたいそんな順になっているはずである。あのころ暗い目で読んだ「人間失格」や「トカトントン」や「おさん」は、たぶんずっと下の方にある。——それが歳月というものなのだろうか。

《三年、と一口にいっても、——胸が一ぱいになった。年つき経つほど、私には、あの女性の姿が美しく思われる。》――四十年、と一口にいっても、――胸が一ぱいになった。年つき経つほど、私には、「満願」が美しく思われる。

＊「満願」は、新潮文庫『走れメロス』、ちくま文庫『太宰治全集』第二巻、岩波文庫『富嶽百景　走れメロス』などに収録されています。

悪い夢　私の乱歩

そんなに急ではないが、上りきるにはちょっと難儀する坂道である。たとえば古い東京の麻布あたり、箪笥《たんす》町から市兵衛町へのだらだら坂から、荷風の偏奇館があった界隈を想っていただけばいい。坂添いに連なる大谷《おおや》石《いし》の石塀の上から桜や橡《とち》の枝が道路にかぶさるように張り出しているので、昼のうちでも薄暗く、それが夜になると、一町ばかりの坂に街燈がたった一つでは誰だって気味のいいものではない。親戚の家へ母と行った帰り、坂の途中まできたら、上から鼠色のインバネスに中折れ帽を目深にかぶった大きな男が下りてくるのに出会った。街燈を背負った影法師がいやに長い。それがだんだん近づくにつれて、埃《ほこり》か黴《かび》のような古い匂いが夕暮れの風に乗って漂ってくる。その男の匂いなのだろうか。もう冬が近いというのに、インバネスの下からのぞいているのは、白っぽい浴衣《ゆかた》のようである。私はさりげなく母の袖を引いて道の片側によけるようにした。影の頭の部分が私たちの脇をゆっくり過ぎていく。不思議なのは、大きな形《なり》の割に男の下駄の足音がしないことだった。動悸が早くなるのが、自分でわかる——すれ違いざま、ひょいと男の顔を見たら灰色の野篦坊《のっぺらぼう》だった。私は思わず母の袂《たもと》を握りしめた。足音がしないから、いったいそのまま私たちから遠ざかっているのかどうか、不安だった。けれど、怖くてとても振り返れなかった。いま振り返ったら、ちょうどおなじタイミングでその男も野篦坊の顔で振り返るだろうと思ったのである。——あれは、私がまだ五つか六つの昭和十六年ごろ、暮れかけた長い坂道で出会ったのは、多分、江戸川乱歩だったと思う。

私のように、戦前から戦後にかけて少年時代を過ごした世代にとって、乱歩に出会わないで大人になったという男の子はまずいない。みんな一度は薄闇の坂道で、野篦坊の乱歩とすれ違っている。——私はその日、家へ帰ってすぐ、二階の父の本棚から一冊の本を取り出し、巻頭にある著者の写真のページを開いてみた。さっきの大きな影法師はやっぱり写真の〈乱歩〉という男だった。その本は昭和二年に平凡社から出た「現代大衆文学全集」の中の『江戸川乱歩集』で、褐色のボール紙のサックに入ったやわらかな布の装丁、表紙はアール・ヌーヴォー風の唐草模様の葉や枝の部分に金泥が流しこんであったような気がする。子供の私の手にはずっしりと重く、ぼんやりしたブルー・グレイの表紙の色は、何やら不吉な色のように思えた。その通り、中の物語はどれも灰色の靄《もや》がかかったような気味の悪い話ばかりだった。あのころ、親の目を盗んで読んだいろいろな本の中でも、それは一際不吉な本だったのである。目次に並んだ題名からして、坂道の影法師のように黒ずんだ煙のようだった。「二銭銅貨」「灰神楽《かぐら》」「白昼夢」「D坂の殺人事件」「赤い部屋」、つづいて「屋根裏の散歩者」「踊る一寸法師」「毒草」とだんだん怖くなり、だめを押すように、「鏡地獄」「人間椅子」「闇に蠢《うごめ》く」となるのだから、この本を女中部屋の隅の薄暗がりでこっそり開くときの暗い昂ぶりといったらなかった。私は、辺りを時折り見回しながら、いったい何十回この怪異の本の中に吸い込まれていったことだろう。狭い裏庭に面したその部屋は、一日中湿っぽく、夕暮れ近くにやっと西の窓から赤い日が射す陰気な部屋で、秋には金木犀《きんもくせい》とどくだみの混じった匂いでむせるようだった。しかし、親に見つからずに大人の本を読むことができるのは、こしかなかった。だから、半世紀たってあのころ住んでいた家を思い出すとき、私のぼやけたスクリーンにまず浮かぶのは、一家団欒の茶の間でもなく、当時としては珍しいオルガンのあった西洋間でもなく、この、西日の女中部屋なのである。

　その部屋で読んだ乱歩には、あのころの本がたいていそうだったように、すべての漢字に仮名が振ってあった。だから五、六歳でも、とにかく読むだけは読めた。とにかく読めれば、何十回のうちには意味もなんとなくわかるようになり、意味がわかってくるとそこに不思議な色が見えはじめたり、埃っぽい妙な匂いが匂ってきたりするものだ。こうなれば乱歩の底無し沼に半分はまったようなもので、体に纏《まと》いつく濡れた藻の気味悪さがそのうちなんだか快くなり、呪文のような文章が懐かしい唄のように思えてくる。もう親に与えられた童話など、日当たりのいい縁側で読んでいるふりをするだけで、内心はいつ外へ遊びにいくような顔をしてあの部屋へ忍び込むかだけを考えている。あそこへ行けば、大人の悪い夢を見ることができる。私は平凡社の『乱歩集』をはじめて読んだ日から三月もしないうちに、そんな子供になっていた。

つまり、乱歩の怖さというのは、年端もいかない子供にも、濡れた低い声で囁きかけるところにあるということだ。口絵の写真の男は、白っぽい飛白《かすり》の浴衣を着て、ぼんやりとどこを見ているのかわからない顔をしていた。他の本の著者たちは、たいていゆったりと微笑《わら》っているか、鹿爪《しかつめ》らしく眉根を寄せているかして写っているのに、乱歩の顔だけは特徴というものがまるでなかった。濛々《もうもう》と立ち籠める線香の煙の向こうの、大きな僧みたいだった。私は、この坊さんは大人に語りかけてるふりをして、本当は私たち子供に囁いているのだと思っていた。それくらい、乱歩の声は耳元近くに聞こえた。実際、「屋根裏の散歩者」にしても、「鏡地獄」にしても、子供でわからないところは一つもなかった。特に「人間椅子」などは、体が小さかった分、ソファの中にそっくり入り込むあたりに、大きくなって読んだときより奇妙な現実感があったのではなかろうか。あるいは、「踊る一寸法師」の妖しいラスト・シーンをいま読んで、そこに浮かぶ一枚の絵を、半世紀前の記憶と重ね合わせてみる。サーカス小屋を燃え尽くす紅蓮《ぐれん》の炎を背に、楽しげに踊る一寸法師の黒いシルエット――それは、あのころ、金木犀とどくだみの匂いの中で、私が思い描いた極彩色の無惨絵と、寸分の狂いもなく重なり合うのである。

女中部屋で見た悪い夢のことは、誰にも喋らなかった。一言でも口にしたら、叱られるだけでなく、それが遠くへ行ってしまいそうで怖かったのである。そして自ら課した禁忌《タブー》は、秘密の夢をいっそう妖しい色に染め上げていった。ただ困ったのは、夢を少しでも現実のものにしたいという、抑えきれない欲望だった。しかし、そのためには家の中に私一人しかいないという状況がどうしても必要だった。つまり、たとえば「鏡地獄」を再現するためには、私は家中の鏡を一つの部屋に集めてこなければならない。母の姿見《すがたみ》が二つに玄関の大鏡が一つ、西洋間の壁の鏡に姉の姫鏡台、それで足りるとは思わなかったが、それだけでも十分力と時間が要る。ところが、あの時代のいわゆる中流家庭では、五歳や六歳の子供があるまとまった時間一人きりになるということは、まずなかった。せいぜい母が駅の近くの商店街へ買物に出かける夕方の三十分である。鏡に映った自分の姿が反対側の鏡にそのまま映り、それがまた別の鏡に映り……という夢幻の時を過ごすのに、三十分では何と言っても短すぎる。準備だって満足にできそうにない。――そこで次に考えたのが「屋根裏の散歩者」だった。毎日出入りしていたから、三畳の女中部屋については隅から隅まで知っていたつもりだった。乱歩の影響で探偵趣味のあった私は、この部屋の主が貧しい勉強机の抽斗《ひきだし》の奥に面皰《にきび》とりクリームを隠していることや、押入の布団袋の底に男の手紙を忍ばせていることも知っている、嫌な子だったのである。ところがある日、乱歩に疲れてぼんやり天井を見ていたら、入り口に近いところの天井板が一枚、ほんの少しずれているように思われたのである。この辺は「屋根裏の散歩者」の発端とよく似ている。台所から箒《ほうき》を持ってきて下から突いてみると、案の定一尺四方のその一枚だけが浮くではないか。息をつめてそろそろと板を動かすと、ぽっかり黒い穴が口を開き、その奥にぼんやりした空間が見える。そこが、乱歩が書いているような光の条が降っている世界なのかどうかは、上がってみなければわからないが、私にはその穴がゆっくり私を手招きしているように思えてならなかった。ここへくれば、もっと悪い夢が見られるよ。小さな黒い穴はそう言っているようだった。私は部屋を見回した。あの小簞笥を運んできて、その上に押入の柳行李《やなぎごうり》を載せれば、私の背でも届くかもしれない。それでもだめなら私のブリキの玩具箱《おもちゃばこ》を積もう。――計画は緻密だったが、結果は失敗だった。やっとの思いで小簞笥を穴の下まで引きずってきたとき、母が帰ってきて見咎められたのである。私はいまでも考えることがある。あの上には何があったのだろう。そして、もしあの日、あの上の世界へ行っていたら、その後の私の人生は、いまとは違ったものになっていたのではないだろうか。その答えは、誰にもわからない。私は、あの上へ行かなかったのだから――。

乱歩を通過して大人になった私たちの世代とは言っても、いちばんはじめ乱歩の何から入ったかによって、ちょっと大袈裟かもしれないが、その先の人生は、それぞれずいぶん違うように思う。乱歩についてのアンケートなどによると、最初に読んだ乱歩で圧倒的に多いのが、いわゆる〈少年探偵団〉ものである。この長いシリーズの第一作『怪人二十面相』の単行本が出たのが昭和十一年の十二月で、その後つづいて十四年までに出版されたのが『少年探偵団』『妖怪博士』『大金塊』の三冊で、これらはみんな「少年倶楽部」に連載されていたから、いずれも講談社版である。戦前のここまでを私は兄の本でリアル・タイムで読んでいる。それから戦争になって、しばらく中断されていたのが復活したのは、昭和二十四年、雑誌「少年」に連載された『青銅の魔人』からで、引きつづき『虎の牙』『透明人間』『怪人四十面相』と乱歩は書きつづけるのだが、私たちより少し下の世代には、光文社版のこの辺りから乱歩に入っていったケースも多いようである。しかし私には〈少年探偵団〉ものは少しも面白くなかった。自分が子供のくせに、子供っぽくて可笑《おか》しくなってしまうのである。私はいつの間にか狭い女中部屋という檻《おり》の中で、乱歩の、蜘《く》蛛《も》の糸みたいに粘っこく絡みつく文章の虜囚《とりこ》になってしまっていた。これなら、金木犀とどくだみの匂いのする部屋でなくても、親の目の前でだって読める。いちばん困るのは、こんなものを読んでいたら、可愛らしい子供向きの夢を見てしまいそうではないか。それは、とても空虚なことだった。明智小五郎にしたって、「D坂の殺人事件」の妙にひねくれたところのある高等遊民の翳《かげ》りがどこかへ行ってしまい、愚かしい正義感を律儀に背負って、瀟洒《しようしや》な背広を着こなす青年紳士になり果てているではないか。この変貌は絶望的だった。だから私は、一連のこのシリーズは、別の、〈もう一人の乱歩〉が書いたのだと思おうとした。野箆坊の浴衣男が、こんな隙間風の吹き抜けるような文章を書くはずがない。だいたい、〈少年探偵団〉には希望の匂いがするではないか。

この考えは五十年たったいまでも変わらない。初期の短篇群から乱歩に入ってしまったことを、不幸だったとも思わない。むしろ、たまたま父の本棚の隅にあったあの不吉な本を見つけて、運が良かったとさえ思っている。あのブルー・グレイの本の中には小説家としての乱歩の、ほとんどすべてがあったのだ。昭和二年までに書かれた短篇で平凡社の『乱歩集』から落ちていて残念に思うのは、土蔵の中の美しい人形に夜毎愛を囁く「人でなしの恋」ぐらいのもので、それ以後についても、本当の〈私の乱歩〉が書いたと思われるのは、昭和三年の「陰獣《いんじゅう》」と翌四年の「芋虫」「孤島の鬼」そして「押絵と旅する男」だけである。乱暴に言ってしまえば、(昭和六年の「目羅《めら》博士の不思議な犯罪」だけが、ほんの少し気にかかりはするが)あの坂道を足音もなく影のように下りてきた乱歩は、昭和四年六月の「押絵と旅する男」を最後に夕靄の中にフッと姿を消してしまったのである。そして二度と帰ってはこなかった。

しかし、もう一人の乱歩がいた。もう一人の乱歩がいて、その後もそ知らぬ顔で「恐怖王」とか「大暗室」とか「地獄の道化師」とかいう大仰な題の小説を書きつづけた。そして、この乱歩にはちゃんと顔があった。陰気な野篦坊ではなかった。優しげな目でカメラのレンズを見て、笑ったりしている。けれどこの二人は、「パノラマ島奇談」の人見広介と菰田《こもだ》源三郎のように、他人のくせに双生児よりもそっくりに見えたから、誰ももう一人の乱歩に気がつかなかった。さすがにシャム双生児や一人二役が大好きだった乱歩だけのことはある。ただ、「パノラマ島奇談」では邪悪な人見広介が、善良で無実の菰田源三郎を殺し、何食わぬ顔で当人になりすましていたのに対し、〈二人の乱歩〉の場合は、逆に、悪い夢を私に見せてくれた方の乱歩が殺されて、殺害者の方、つまり温和で無気力、したがって無害な乱歩が、以前の乱歩になり代わったのである。犯罪というものは、善に対して邪悪によって行われるとは限らない。ここに〈二人の乱歩〉の逆説がある。しかし、この忌まわしい〈すり替わり事件〉がいつ起こったかを推定するのはなかなか難しい。昭和四年の「押絵と旅する男」の乱歩は、目を細めて子供たちの耳にさえ悪い夢を囁いているが、一年たった「魔術師」や「吸血鬼」ではもう別人になってしまっている。この乱歩は臆面もなく顔を上げ、高らかな足音を立てて坂道を下りてくる乱歩である。埃や黴の嫌な匂いなんて、その体のどこからだって匂ってはこない。

顔が瓜二つでも安心しきれないのが、犯罪者の心理である。もう一人の乱歩は落ち着かなかった。いつすり替わりが露見するかと、心安まる日がなかった。「押絵と旅する男」以前の〈本当の乱歩〉を模して書いてはみるが、所詮は焼直しにしかならない。墨絵ぼかしに描こうとしても、でき上がってみれば品のないペンキ絵である。銭湯のペンキ絵の中で、明智小五郎や小林少年がただの木偶《でく》になってぎこちない踊りを踊っている。気ばかり急《せ》いても、書けないものは書けないのだ。せめて雰囲気だけでも自分の周りに蘇らせようと、空しい伝説も作ってみた。――人嫌いの乱歩は昼間から土蔵に籠もって、百目蠟燭の灯《ひ》で書いている。満月の夜、乱歩は嬰児の生き血を啜っているらしい。――揮毫《きごう》を求められれば昔の通り、物憂げに書いてはみせる――《うつし世はゆめ、夜の夢こそまこと》。しかし、なんだか、みんな首を傾《かし》げているようだ。誰もが違う、違うと囁き合っているようだ。

このころから、江戸川乱歩の失踪と、休筆がはじまる。それも一度や二度ではない。家族にも編集者にも行く先を告げず、フラリと家を出てぼんやりと汽車に乗り、ただあてもなく彷徨《さまよ》っていつの間にか書斎に戻っている。鞄の中に原稿用紙と万年筆は忍ばせているのだが、一字だって書いて帰ったことがない。昭和七年なんか、乱歩はつまらない雑誌に雑文をいくつか書いただけで、小説は一篇も発表していない。そんな気持ちの焦りと裏腹に、腹はせり出し、頭はますます薄くなり、持病の蓄膿は悪くなる。こういうのを弱り目に祟《たた》り目というのだろうか。小さいときから可愛がっていた妹の玉子さんが若死し、乱歩は何かに追われるように、独り東北の旅に出る。昭和七年夏、乱歩はまだ三十八歳だった。

いったいいつのころから、そしてどうして乱歩は〈二人の乱歩〉になったのかと考える。季節はずれの浴衣の上に鼠色のインバネスを羽織った不気味な男が、私は懐かしくてたまらないのだ。七歳か八歳になっていた私は、ちっとも面白くない『妖怪博士』のページをパラパラめくりながら、埃と黴の匂いが漂うD坂の古本屋を懐かしんでいた。あのころD坂の界隈には、背中や胸に蚯蚓《みみず》腫《ば》れを隠した暗い横顔の人妻や、珈琲を飲む合間に煙草の煙と溜息とを代わる代わる吐いていた高等遊民たちが、スローモーションの人物のように揺れていたのに、いったい彼らは何処へ行ってしまったのだろう。それにひき比べ、西洋館の屋根に立ってマントを翻す二十面相なんて、いくらヘリオトロープの匂いを漂わせてみたって、安手の紙芝居のようだ。乱歩は二人いるのだろうか。

はじめに乱歩が一人いて、そこにどこからかもう一人の乱歩が現れて二人になり、やがて後からやってきた乱歩一人になった。この影絵の不思議が、夕暮れの坂道のあの日から五十年たって、私はまた気になって仕方がなくなった。あれやこれやと考えてみたって、子供の日の堂々巡りを繰り返すだけだから、これはもう書いてみるしかないと私は思った。「押絵と旅する男」を最後に、乱歩が書けなくなった昭和一桁の終わりごろ、その時期の乱歩を書いてみようと思ったのである。昭和八年の暮れ、久しぶりの「新青年」に、乱歩は「悪霊」という長篇を書くことになり、第三回まではなんとか書いたのだが、そこでまたしても〈もう一人の乱歩〉は行きづまってしまう。しばらく作者病気のお断りで休載を重ねた挙げ句、結局は筆を折ってしまうのだが、その間に麻布の妙なホテルに姿を隠している。「探偵小説四十年」の昭和九年のころには、こう書いてある。《一月、芝区車町の家の騒音を避け、麻布区の「張ホテル」に長期滞在せるも、やはり何も書けず》。〈張ホテル〉は、市兵衛町のチェコ公使館の近くにあった外人専用の小さなホテルである。経営者は、張という中国人らしい。そんな外人ホテルに、どうやって乱歩が紛れ込んだのかはわからないが、とにかくそこで乱歩は、お尋ね者の犯罪者みたいに、一人で息をつめて潜んでいたという。長期滞在というからには、二、三週間はいたのだろうが、そこで彼が何を考え、何を思い出し、何を読んで何を書いたのか、私はそれを書いてみよう。小説なのか何なのか、自分でもどういうことになるのか見当がつかない。ただ、〈張ホテル〉の二〇二号室という、窓から枯れた桜並木が見下ろせる部屋で膝を抱えている乱歩になってみようと思ったのである。乱歩の中に〈二人の乱歩〉がいて、鏡花の「星女郎」みたいに諍《いさか》ったり、そうかと思えば馴れ合ったり、谷崎の「金色の死」に嫉妬したり、宇野浩二の「蔵の中」に憧れたり、夭折した渡辺温《わたなべおん》のことを思い出したり、小酒井不木《こさかいふぼく》に恩義を感じたり、ちょっと上等にポーとリラダンの関係について考えたり……書きはじめたら最初の一日に乱歩が考えたことだけで二百枚にもなってしまって始末におえなくなった。「乱歩は散歩」というタイトルで、いまもある雑誌に連載中なのだが、五百五十枚でまだ第一章が終わっていない。乱歩の好きな八幡の藪知らずである。

遊びと言えば遊びである。「乱歩は散歩」の中で、私は不遜にも乱歩になり代わって、「梔子姫《くちなしひめ》」という短篇まで書いているのである。文体模写ではない。書けなくなった乱歩が、一度殺した元の乱歩の遺骸を掘り出して、その死臭に一縷《いちる》の望みを託して書くのである。他にも、〈張ホテル〉には、ミセス・リーという探偵小説狂のきれいな人妻がいて、当時バーナビー・ロスの名前で書かれていた『Xの悲劇』の作者を、『エジプト十字架の謎』のクイーンと同一人物ではないかと推理して乱歩をびっくりさせ、畏敬が慕情に変わったりするのだから、遊びと言えばやはり遊びなのだが、本当のところでは私はかなり真面目なのである。——どうしても、私はあの女中部屋へ帰りたいのである。母の目を盗んで天井裏の薄闇を覗いてみたいのだ。〈張ホテル〉は、金木犀の匂いのする懐かしい私の家なのだ。

地形が変わったわけでもないのに、東京の坂道がだんだん少なくなっていくような気がしてならない。昔は暗闇坂という名の坂があちこちにあったものだ。そんな坂道があって、その上からインバネスの大きな男が下りてくるのに出会えた私たちは、怖かったけど幸せだった。いつも悪い夢を見て、幸せだった。

瀕死のエトランジェ——小沼丹

小沼丹《おぬまたん》さんは、「村のエトランジエ」のトップ・シーンの、半ズボンの少年のように、私たちの仰角《ぎょうかく》の視界に現れた。つまり、水量が増してココア色に濁った川の土堤《どて》に、土堤の向こう側からヒョイと現れたのだった。私たちの視点は、姉の〈カプリ〉が〈詩人〉を水に突き落とし、妹の〈睡《ねむ》り人形〉がそれを黙って見ていた、その河原にある。だから仰角なのだ。少年の背景は夕焼けだった。私たちは、ほんの少し紫が滲《にじ》んだその色が、いったい明日のいい天気を約束してくれる色なのか、それとも、明日になってもいいことなんか何もないと囁きかける不吉の色なのか、量《はか》りかねていた。昭和二十九年のまだ寒い春——あのころはそんな色の時代だった。戦災で焼け残った高校の煉瓦の壁も、町に近ごろできたデパートの窓も、いつだって夕焼けていた。大人たちの顔も、クラス・メートの少女たちも、みんなおなじ色に染まっていた。言ってみれば、日本という国が、すっぽり夕映えの中にあった——あれは奇妙な時代だった。

私たちは、どこにでもいるような文学少年だった。四人の仲間で、毎月の「新潮」「文學界」「群像」「文藝」をそれぞれ買っては回し読みしている痩せた文学少年だった。「村のエトランジエ」が載っていたのは、確か「文藝」だったと思う。そのころは〈第三の新人〉の台頭期で、仲間たちに人気があったのは、安岡章太郎や吉行淳之介や曾野綾子たちだったが、私は一人、小沼丹さんの「村のエトランジエ」を夕焼け色の小さな聖書みたいに、こっそり胸に抱えていた。その日から今日まで、小沼丹さんのことを考えると、私の視界は見る見る落日の色に滲んでくる。

私たちは笑った。いきなり開いた窓に眠そうな羊を見つけたような、街ですれ違った髭の男がスカートを穿いていてびっくりしたような――そんな小沼丹さんの可《お》笑《か》しな文章によく笑ったものだ。そう言えば〈びっくりした〉というのを、丹さんはかならず〈吃驚した〉と書いた。ほかにも面白い書き方が、この人にはあった。普通なら〈ハイヤー〉〈ラヴ・レター〉と書くところを、〈ハイヤア〉〈ラヴ・レタア〉と書くのである。おなじころ書かれた「紅い花」や「バルセロナの書盗」や「白孔雀のゐるホテル」でも、みんなそうだった。私は真似をした。〈コオヒイ〉とか〈ノオト・ブック〉とか、私がそのころ書いた下手な文章は、外来語の部分が律儀にそうなっている。もう一人、おなじような書き方をした作家がいたような気がして調べてみたら、太宰がそうだった。〈リイド〉〈メリイクリスマス〉〈ヴェルレエヌ〉〈フロオベル〉という具合に、西欧の人名などは決まってこの書き方だった。丹さんも太宰も井伏鱒二門下だから、その影響かと思ったら、師の方はちゃんと〈ポーズ〉〈ラグビー〉〈アービングさん〉となっていた。井伏鱒二といえば、丹さんの書き出しの一行——たとえば《河の土堤に上って、僕等は吃驚した》（「村のエトランジエ」）にしても、《僕等は驚いた》（「紅い花」）にしても、「山椒魚」の《山椒魚は悲しんだ》に、どこか似てはいないだろうか。

その小沼丹さんが亡くなった。けれど私は、この人の小説の冒頭の一行風に言えば、〈僕はちっとも驚かなかった〉のである。夕焼けがフッと消えたという、それだけだった。誰にでもいつかはくる時間が、正しくやってきたという、それだけだった。私は「村のエトランジエ」のラスト・シーンをふと想った。——《忽《たちま》ち、僕等は峠の反対側の急斜面を、猛烈な速力で駈下つた。僕等の耳の傍で、風がひゆうひゆうと鳴つた》。トップ・シーンとおなじ夕暮れの土堤である。しかし、いま私の視点は土堤の上にあって、そこから夕焼けに向かって走っていく少年を俯瞰《ふかん》している。オープニングとは逆なのだ。——それが丹さんの一生だったように、私には思われる。あの小説は丹さんの人生を予言していたのかもしれない。あの日の夕焼けは、丹さんの一生を染めつづけ、最後に空の果てに薄い紫の帯を残して、それからふと消えた。思い出してみれば、「村のエトランジエ」から二十年も経ったころの「藁屋根」や「眼鏡」など、いわゆる丹さんの〈大寺さんもの〉にも、その色は漂っていた。丹さんが夕日を呼ぶのか、夕日の方が丹さんの背中に忍び寄るのかは知らないが、この人にはいつだってその色がまとわり付いて離れようとしなかった。丹さんの夕焼けとは何だろう。それは戦争が終わって間もなく、丹さんの目に映りはじめたのではなかろうか。何かが失われていくのか、何かが生まれようとしているのか——よくわからない時代だった。望みを失くしてそのまま闇に落ちていった人もいたし、空虚な白昼の光の中へ浮かれて出ていった人もあった。丹さんは、そこでほんの一時《いっとき》ためらった。盲目の馬のように迷った。そして、とり残された黄昏の中で、丹さんは奇妙なエトランジェになっていた。〈睡人形〉や〈カプリ〉や〈詩人〉たちが異邦人だったはずの「村のエトランジエ」は、いつの間にかストーリーが変わって、土堤の上の少年をエトランジェにしてしまったのである。

つい最近、丹さんが死の少し前まで病床で描いていたという童画みたいな絵を見ることがあった。病気で感覚が鈍くなった手先の訓練も兼ねていたらしいが、学生用のノート二冊に描かれた、人や馬や動物たちの絵は、そのまま「気鬱な旅行」や「帽子」の挿絵にしたいと思うくらい、線が暖かく、姿がユーモラスだった。その中に、四人の男の絵があった。それまで絵なんか描いたことのなかった丹さんが、描きはじめてすぐのころのものである。ロシア人みたいな髭の大男がいて、頭にターバンを巻いたインドかネパールらしいのがいて、その隣りにはポルトガル人に見える男が手を広げていて——彼らはみんな可笑しなエトランジェのようだった。おどけているようで不安そうで、狡《ずる》そうに見えて人が好さそうで——彼らはみんな故国を失くした日暮れの異邦人のようだった。鉛筆の線画の蔭から、昔の吸取り紙にインクが滲んでいくように、少し濁った薄赤い色が現れる。その色は遠慮がちに男たちの足を濡らし、胸から這い上がって剽軽《ひょうきん》な顔を浸し、やがて画面いっぱいの夕焼けに広がっていくのだった。

　夕焼けは、丹さんの忘れ物の色である。忘れ物を残してきた、あの時代の色である。

臍曲がりの純情

『年を歴《へ》た鰐の話』という妙な書名を耳にしたのは、山本夏彦翁と徳岡孝夫老の禅問答のような、ひそひそ話の中だった。お二人とも元々発音不明晰の上に、声を潜《ひそ》めているから気になってならない。しかも、三人同席という機会が両三度ばかりあって、その度にこの本の話題になるのだが、いつも私は仲間外れだった。そのうちに、翁の本の奥付のページにある略歴欄の最後に、かならず『年を歴た鰐の話』(訳書)と誌してあるのに気がついた。調べてみると、どうやら〈山本夏彦〉の名義ではじめて出版された本らしい。初版が昭和十六年と言えば、翁はまだ二十代である。興味は益々つのる。読みたくて読みたくてたまらない。とうとう翁の前に膝《ひざ》をついて、ご自分の著書なら、一冊や二冊は余分をお持ちでしょう。どうか分けてくださいと懇願した。翁はニコニコ笑って誤魔化《ごまか》し、徳岡老は気の毒そうな顔をしたが、実は嬉《うれ》しそうだった。

『年を歴た鰐の話』は伝説の書になった。いくつもの出版社が、復刊の許可を願い出たが、翁はニコニコ笑うだけで首を縦に振らない。たいした理由なんかないに決まっている。臍《へそ》曲がりの爺《じじ》いの意地悪である。しかし、そんな陰口を利《き》いても、読みたいものは読みたかった。目脂《めやに》だらけの老いさらばえた鰐が、夢に出てきたこともある。もちろん手を替え品を替えて、翁の情けに縋《すが》ったこともある。私は意地になり、諸方の古書店へ回状を回した。梨《なし》のつぶてだった。——そして三年経った。京都の古本屋から、手に入ったから送ると言ってきた。私は新幹線に乗って京都まで取りにいった。東京に舞い戻ったその足で、私は〈工作社〉へいき、翁の鼻先に幻の『年を歴た鰐の話』を突きつけた。翁はほんとうに嬉しそうに笑ってくれた。私は泣きそうになった。

山本翁は何十年にも亘《わた》って、せいぜい十か二十のことを、飽きもせず繰り返し喋《しゃべ》りつづけた人だった。おなじことを喋って何十冊もの著書にした、珍しい人だった。それも、どこまでがほんとうで、どこからが嘘《うそ》かがわからない話ばかりだった。拗《す》ねて僻《ひが》んだ挙句《あげく》、さあ殺せと、道の真ん中に大の字に寝ているようなものだった。けれど、ほんの時偶《ときたま》、びっくりするくらいの直情や感情を、不用意に見せることがあった。夕日に追われて泣きじゃくっている迷子のような山本翁が、そこにはいた。それが『無想庵物語』であり、『私の岩波物語』だった。その『私の岩波物語』に、桜井某という小さな出版社の親爺《おやじ》の話が出てくる。翁と親交のあったこの男は、文芸書の出版を夢見ていたが、作家たちからも、出版界からも相手にされず、仕方なく『ドウブツ』『ノリモノ』『キシャ』といった駄菓子屋の店先に洗濯挟《ばさ》みで吊《つ》るしてあるような、俗に言う〈赤本〉を出すだけで生涯を終えた人だという。翁はこの男のために『私の岩波物語』の中でかなりのページを割《さ》いている。高い志を抱きながら、卑俗の絵本に埋もれて死んだ桜井某を想って泣いているのである。——私は、ふと桜井という名に引っかかるものがあった。『年を歴た鰐の話』を本棚から抜き出して、奥付を開いてみた。——訳者・山本夏彦、発行者・桜井均、発行所・東京都小石川区大塚町三十三、桜井書店——この本の復刊に頷《うなず》かなかったのは、偏屈な嫌味でもなく、意地悪でももちろんなく、翁の桜井某への敬意であり、哀憐であり、操だったのである。

山本夏彦という人は、そういう人であった。

久保田万太郎

もし気紛《きまぐ》れな神様がいて、もうこの世にいなくなってしまった人の中から、一人だけ好きな人に会わせてやろうと言われたら、誰にしよう。太宰にしようか、乱歩にしようか、それともマレーネ・デートリッヒにしようか。向田さんにしようかと思ったが、この人については去年出した本の中で、勝手なことをいろいろ書いて叱られそうだからやめておこう。あれこれ迷っているうちに、久保田万太郎という人の名前がパッと浮かんだ。そうだ、この人に会って、日本の言葉をああも明るく、ああも品よく操れた秘密を教わろう。

その人の本を読んだだけでは気が済まず、どうしても会ってみたくなる人というのがあるものだ。別に話をしてくれなくても、たとえば煙草を吸っている姿とか、誰かに意見しているところとか、それを眺めているだけでもいいのだ。と言って、久保田万太郎という人のものをそれほどたくさん、熱心に読んだわけでもない。いくつかの小説と「螢」「大寺学校」などの芝居、それと俳句を少し知っているぐらいである。本棚を調べたら、もっとあったはずなのに、中央公論社の全集のうちの二冊と、句集があるだけだった。もっと入れ込んで読んだ作家は他にいくらもいるのに、どうしてこの人の生きているときの姿を見たいと思うのだろう。

冬になると、それも寒のころになると、この人の詠んだ戯《ざ》れ歌というのを思い出す。《身の冬の／とゞのつまりは／湯豆腐の／あはれ火かげん／うきかげん／月はかくれて雨となり／雨また雪となりしかな／しよせん／この世は／ひとりなり／泣くもわらふも／泣くもわらふもひとりなり》。

小説にしても何にしても、この人のものには冴え冴えとした明るさがあって好きである。日の光か月の光か、あるいは電灯にせよ炭火にせよ、どこかにかならず一つ光源があって、真っ暗闇でないからいい。その明るさだけは笑って信じているのが、久保田万太郎なのかもしれない。この歌が元になったのかどうかは知らないが、こんな句がある。《湯豆腐やいのちのはてのうすあかり》。《たましひの抜けしとはこれ、寒さかな》。これだって可笑《おか》しくて、明るいし、《亡き人に肩叩かれぬ衣がへ》なんかも、ゾッとしてそれから可笑しくなり、またゾッとする。《日向ぼつこ日向がいやになりにけり》は一人留守番の句で、《何もかもあつけらかんと西日中》は昭和二十年、終戦の日の作だという。世の中捨てたものじゃないと、笑って元気になる。いやなことばかりあった日でも句集を開いてこの人がいてくれると、とても助かる。神様が会わせてくれなくても、我慢しよう。

冬の灯のいきなりつきしあかるさよ　万太郎

「不良の文学、または作家の死」——伊集院静と松井邦雄——

浅間の麓に小さな小屋を持っている。だいたい、小さいから小屋というのだろうが、それにしても私のは小さな小屋である。ふだん忙しい暮らしをしているので、偶《たま》にくるとずっと気持ち悪く詰まっていた鼻の通りが、急に良くなったような気がする。ことし、八月のはじめに少し暇がとれて一年ぶりにきてみたら、木のテーブルの上や床の木目に黒い羽蟻の死骸が点々とこびりつき、締め切った小屋の中は、このところ雨がつづいていたせいか、いやに湿っぽかった。天気予報は、十日過ぎから遅い夏がやってくると言っている。浅間は見えなかったが、窓を開けると西の空の雲が薄赤く染まってきれいだった。掃除のついでに、ちょうど一年前ここへきたときに東京から持ってきて、そのまま置きっ放しにしていた雑誌類をまとめて、小屋の前へ出した。あとで、そこらの木の枝といっしょに焚火をしよう。夕暮れの窪地に投げ出した束のいちばん上に、「銀花《ぎんか》」という雑誌があった。いい紙を使って、贅沢《ぜいたく》な写真のページが多く、中身もかなり趣味的な季刊誌である。燃やすにはちょっと惜しいと思って手に取った。一年の湿気を吸って変に重い。捲《めく》ろうとしたら、水分を含んだ紙どうしがくっついていて、自然に中ごろの、あるページが開いた。「韃靼《だったん》海峡と蝶」というタイトルと、筆者の松井邦雄という名前が、薄闇の中にそこだけくっきりと浮かんで見えた。松井さんはつい一月前、突然の心臓発作で亡くなった、私の好きな作家だった。

「韃靼海峡と蝶」は、十九世紀末から今世紀中ごろにかけて欧米に生まれ、わが国でも多くの人に愛された、ワルツやタンゴやジャズにまつわる音楽夜話とでも言えばいいのだろうか。そこでは、懐かしいさまざまな旋律を背景に、モームやスコット・フィッツジェラルドやポール・モランの作品が語られ、過ぎ去った時間という紗幕の向うに、ガルボやコールマンの端正な横顔が浮かび上がり、目を閉じると真っ青な大西洋をクイーン・エリザベス号が白い煙を吐きながら滑るように渡っていく。松井さんは、第一次大戦と第二次大戦のはざまの、ほんのひとときの凪ぎの時代に生まれた静かな物狂いについて、繰り返し書いた人だった。ほぼ十年前に書いた『夢遊病者の円舞曲』をはじめとして、『悪夢のオルゴール』も『望郷のオペラ』も、みんなそうだった。けれどそれは、私たち世代にある感傷的なレトロ趣味だけではなかった。いまの文化のありように首を傾《かし》げ、私たちはあの凪いだ時代に、何か忘れ物をしてきたのではないかと、松井さんはよく言っていた。そんな疑問への答えを、これから丁寧に出していこうとしていた矢先の、五十九歳の死であった。去年のいまごろ、松井さんは生きていた。生きていて、「銀花」に「韃靼海峡と蝶」を連載していた。私はようやく辺りに漂いはじめた冷気の中を、肩をすくめて小屋に戻りながら、この題名の由来である、安西冬衛の「春」というたった一行の詩を思い出していた。《てふてふが一匹韃靼海峡を渡って行った》。

私もほぼおなじ年齢であるが、松井さんが死んだ五十九という歳は、いったいどういう歳なのだろう。松井さんは三十年来ずっと放送局に勤めていて、いろんな賞をもらった「上海幻影路」をはじめとするラジオドラマを主につくっていた。だから書きだすのが遅かった。もどかしくなるくらい書きたいことがたくさんあると言っていた。もっと早く書きはじめたかった、とも言っていた。しかしその代わり、五十に手が届きそうになって書いた『夢遊病者の円舞曲』には、昂揚と諦観を双方うまく抑制した、バランスのいい知性がにじんでいたし、少年の澄明な目と、時代を白い一すじの流れと見る鳥瞰の視覚がともにあった。その上に立って、この先更に細部に鋭利な目を注ぎ、同時に視野を広げることを本人も考えていたし、私たちもそれに期待していた。松井さんがもともと持っていた瑞々《みずみず》しい詩情にくるまれた、ユニークで、しかも均斉のとれた文化論が次々と書かれるはずだった。そして突然の死である。

松井さんがたくさん本を読み、音楽を聴き、美しい海を訪ねて世界の各地を廻るには、それだけの時間がかかった。しかもそれらを、澄んだ少年の目で見、若々しい青年の体で感じ、壮年のやわらかな知性で受けとめ、近づいてきた老いを怖れながら、なお酔うことができたから、一連のナイーヴでありながら力のある著作が生まれたと言える。つまり、知識や経験を身につけ、感じることに時間がかかった分、それを表現する時間を失ったのである。松井さんは、大好きだったラジオの仕事を間もなくやめて、その後の二十年を書いて過ごすつもりだったのに、予定していた時間は何の予兆もなく途切れてしまった。それが意外に幸せだったのか、それとも酷《むご》たらしい不幸だったのか、そんなことは誰にもわからない。ただ、人生はそんなものだ。神様は、慌てて花を咲かせようとする者には、冷たい風ばかり吹かせて邪魔をし、気長に育ててようやく淡く一輪開いた花は、すぐに散らせてしまう。

いちばんいい季節に、盛りの花を咲かせるのが本来の作家の幸せである。そんな、幸せで運のいい作家もときにはいる。けれど、季節はずれの桜吹雪もあるし、雪に牡丹の狂い咲きもある。千年に一度の、まぼろしの蓮の開花だってある。いずれも文芸の花である。しかし、口をただ開けて待っていても、花は咲くまい。やっぱり花は咲かせるものなのである。松井さんは、これからの二十年という、松井さんにとっては決して長くない季節のうちに、いくつかの花を咲かせようとして、勘定を間違えたのかもしれない。そして、あの賢かった松井さんに数勘定を誤らせたのは、たぶん平均寿命という奴である。もし松井さんにとっても、七十六歳強という平均値が正しかったなら、しかもその間あのパッションを持続できたなら、松井さんの庭は花の香りのする美しい庭になったことだろう。

平均寿命の統計が、いまの作家を死海の水浴のように安堵させ、春の日溜まりの昼寝のように怠惰にし、道端に棄てられた犬の死骸から目を逸《そ》らすように、何かから目を背《そむ》けさせている。もしいま厚生省が、先に発表したデータは間違いで、実は信長の時代とおなじ人間五十年だったと訂正したら、いったいどういうことになるのだろう。まだ書く時間がある、まだ余裕があると安心していたのが周章狼狽し、昨日までの生きざま顧みて浮き足立ち、それなら昔の作家はどうだったろうと文芸辞典で調べてみるかもしれない。漱石はあれだけのものを書いて、死んだのは四十九歳だった。有島武郎は自死であったが四十五歳、宮沢賢治に至っては享年三十七ではないか。ついでに言えば、嘉村礒多は三十五、梶井基次郎なんかは「Kの昇天」を二十五で書いて、三十一で死んでいる。それがどうしたと言う人もいるだろうし、そこはせめてもの作家の矜持、いきなり気が狂ったように机にしがみつく人もいるかもしれない。でも、もう遅い。それでは世の中、厭世的な老人小説ばかりになってしまう。──作家は、自分で命を定めなければいけない。

いま挙げた昔の作家たちには、たとえば五十年というところで冷たい線を一本、自分の命に引いていたと思われる節がある。あるいは、もっと手前に引いた人もいるかもしれない。漱石は若いころから胃弱に苦しんでいたとか、それぞれに具体的な条件を持っていたではあろうが、そんなことに拘《かか》わらず、確実にここまでという、それは延期を自分で許さない一線である。作家にとっての作品というものは、処女作からの距離と、定めた一線からの逆算の上に、いつも成り立っているものだと思う。言い換えれば、処女作が完成した瞬間に、それが何歳のとき書かれたかによらず、逆算がはじまるのだ。戦争がなくなり、国が豊かになり、医療が発達して、ついこの間まで慣れ親しんでいた死は急に遠いものになった。当たり前のことだった死は、いつか異常なことになり、とうとう私たちの平均寿命は、男七十六歳、女八十二歳にまで伸びてしまったのである。ここから逆算ということになると、たとえば五十歳の作家だとしても、命の終わりはまだ霞の彼方である。安心するのも、無理はない。やや短絡に過ぎるかもしれないが、ここに現代の作家の足元に仕掛けられた皮肉な陥穽《かんせい》がある。文芸の衰弱がある。だからこそ、いまだからこそ、作家は自分で命を定め、その一線に向かって生き急がなくてはならない。

それほど親しくないから、伊集院静とそんな話をしたことはない。だからこれから書くことは、思いつきに近い推理であり、いくらか感情的な憶測であり、あまり責任の持てない仮説であるかもしれない。ただ、買い被りだとだけは思わない。それくらいには、良い伊集院も、悪い伊集院も知っているつもりだ。――彼の出世作だと言われている『乳房』に収められたいくつかの短篇を読んだとき、こいつは命に線を引いていると思ったのである。次に思ったのは、こいつがこっそり好きなのは、あの太宰ではないかということだった。まさか、《生くることにも心急《せ》き、感ずることにも急がるる》などというプーシキンの一節を、太宰みたいにブツブツ呟いているとまでは言わないが、短篇の名手という意味でも、そこらじゅうの女に迷惑をかけながら、それでも自分は愛されていると高をくくり、いい加減な言い訳でその場をしのぎ、生きざまと文芸の辻褄《つじつま》がどうやっても合わなくなって、後ろを振り返りながら玉川上水に飛び込んだ太宰の、妙な言い方だが、強靭な弱さという意味でも、伊集院にとって太宰は無縁な人であるはずがないと思ったのである。余儀なくではあったろうけど、太宰も震える手で命に線を引いた作家だった。処女作品集に『晩年』と思い切って命名したときに、彼はそのタイトルに将来がんじがらめになることを予感、というよりは承知していた。自分にだけ見える線ではなく、他人の目にもすぐわかる、それは深紅の一線だった。昔、太宰が死んだのとおなじ歳のころ、私は『晩年』という題名は芝居の外題のつもりだったのではないかと考えたことがある。その脇に作者の年齢が添えてあれば、これほど客の目を引く外題はちょっとない。しかし、ほんの思いつきのつもりだったのに、そしてまだ芝居の衣装も着ていないうちに、彼の目の前の幕はするすると上がってしまったのである。だから、太宰は普段着のまま、舞台に飛び出してしまった。――私は太宰を揶揄《やゆ》しているのではない。それも、いや、それが文芸というものだと言っているのである。

伊集院が引いた線は、たぶん五十歳だと思う。はじめての小説を書いたときからの距離といい、逆算の算術が容易なことといい、それはとてもわかりやすい線である。そう思って読むと、「乳房」も「クレープ」も、それらしく思えてくるから不思議である。ほんの一行がいやに色っぽい。男と女の間の、変にぎこちない沈黙が色っぽい。坂道を下りていく、少し乱れた足どりが色っぽい。うがい薬を調合する手つきまでが、色っぽい。ある人は、それを場数のせいだと言う。しかし、実人生での場数を踏めば小説が色っぽくなるのなら、ひも稼業の男たちはみんな立派な作家になれる。伊集院の色っぽさは、ある日粋《いき》がって命に線を引き、半分それを後悔しながら、しょうがなくそこへ向かって走っている色っぽさである。どこにもそんなことは、一行だって書いてないが、伊集院の作品の主人公には、いつももう一つの目で命の果ての薄明りを見ているようなところがある。そして、残った目が女を上目づかいに見上げ、海峡の落日をのぞみ、真昼の雑踏を眺める。伊集院の描く男に女、家族、それに風景までが色っぽいのは、そのせいである。また太宰の話になるが、彼が比較的こころ安らかな時期に書いたと言われる「富嶽百景」や「津軽」は、なんと色っぽい文章だったろう。そこには男と女のいきさつも、死のうとばかりしてきて死ねなかった恥ずかしさも、一言だって書いてなかったのに——。

そういった意味では、伊集院静は愚昧なくらい古典的な作家だと思う。つまり、その副産物として見えてくるのが、かつてのある種の作家たちとおなじように、睡眠薬とか悪い酒とか、火宅であるとか没義道《もぎどう》であるとか、あるいは博打《ばくち》に睡眠不足に女たちとかいう、無頼の生活を傍らに置いておかないと安心できない不良の性情である。しかし、書斎の窓から見ている人たちにとっては子供っぽいことでも、いざやってみると、これらはどれも大変なことなのである。あえて馬鹿な喩えで言うなら、それは死ぬと知っていてドスを振り回して斬り込んでいく、臆病なやくざの世界である。誰も褒めてはくれないし、そのほとんどは自己満足さえない犬死である。いまはもう流行《はや》らない、やくざ映画のファンだけが拍手をくれる。

　身捨つるほどの祖国があるかと、凶暴なやくざみたいに悪態つきながら祖国に殉じたのが寺山修司である。彼の一生を地図の上での距離で探せば、それは青森・東京間のわずか六百キロの距離だった。二十代の寺山が詠んだ《駈けてきてふいにとまればわれをこえて　ゆく風たちの時を呼ぶこえ》の一首が、私には彼の辞世の歌に思えてならないのだ。死んで辻褄合ったから言うわけではないが、中上健次がボロボロになるまで履きつづけ、頑固に他のものに履き換えようとしなかった泥靴は、五十年だけ歩くために作られた紀州の泥靴だった。寺山も中上も、自分で自分の命に線を引き、そこへ向かって脇目もふらず走ったから、走りながら書いた歌や台詞や文章が、あんなにも色っぽかったのだ。私たちの胸に、火葬の火のような熱い塊を残していったのだ。お人好しのみんなは、彼らの死を早すぎた死だと惜しんだが、あのころ既に彼らのすぐ目の前には、燃え立つように真っ赤な線が見えたではないか。輝きとは、そういうことかもしれない。日没の時間が決められているから、落《らっ》暉《き》はいつも美しいのだ。

私にも、伊集院にもあった少年の日、あんなに苛立つほど進まなかった時計が、このごろでは目に見えて忙しく時を刻んで走る。と言って、呑気に溜息ついている暇が、もう私たちにはない。私は、情けないことに、無為に日を過ごしてしまったから——。伊集院は、一本の線を引いたのだから——。

不良の伊集院静は、いつ死ぬのだろうか。私はその報せを聞くことがあるのだろうか。やっぱり世の中、歳の順、私の方が先に行くのだろうか。伊集院が、伊集院の「桜桃」を、「葉桜と魔笛」を、そして「ヴィヨンの妻」を書いて読ませてくれるのなら、私は彼があと何年かで死んでくれたってちっとも構わない。文芸への期待というものは、いつだってそれくらい苛酷であり、熱烈なものなのだ。

浅間の小屋の暖炉に、八月なのに私は火を焚いた。軒下から運んできた薪は湿っていて、なかなか思うように燃えてくれなかった。部屋はなかなか暖まらないで、薄青い煙だけが裏の窓へ流れていく。来年の夏ここへくるまでに、また誰かいなくなっているのだろうか。松井さんは死に、伊集院は生きている——私は煙に痛む目をこすりながら思った。

サヨナラだけが人生だ

先だって森繁久彌さんが『もう一度逢いたい』という本を出した。サトウ・ハチロー、志ん生、圓生、渥美清など、森繁さんが親しくしていた人たちを偲《しの》び、もう一度逢いたいと、身をよじって駄々をこねているようで、可愛いくも切ない。去年の話だが、中野翠さんは『会いたかった人』という本の中で、佐分利信《さぶりしん》や今和次郎《こんわじろう》、左卜全《ひだりぼくぜん》や徳川夢声らの名を挙げて、こんな不思議な人たちと会ってみたかったと書いている。森繁さんが《逢う》で、翠さんが《会う》なのが面白い。《逢う》は何となく色っぽく、《会う》には好奇心の匂いがする。

私なら井伏鱒二さんに会ってみたかった。あの渋いユーモアが好きなのだ。アッケラカンとした青空が一瞬だけ翳《かげ》り、またすぐに雲が切れて元の青空に戻るようなユーモアは、あの人独特のものだった。手すさびに作った漢詩の訳にそれがよく出ている。有名な五言絶句の「勧酒」(于武陵《うぶりょう》)は、井伏さんだとこうなる。

勧君金屈巵　　コノサカヅキヲ受ケテクレ

満酌不須辞　ドウゾナミナミツガシテオクレ
花発多風雨　ハナニアラシノタトヘモアルゾ
人生足別離　「サヨナラ」ダケガ人生ダ

太宰や小沼丹《おぬまたん》さんなど門下の人たちは、井伏さんを囲んだ酒の席でこれを愛誦したという。いまはもう誰もいなくなってしまったが、みんなの幸福な顔が見えるようである。

牀前看月光　ネマノウチカラフト気ガツケバ
疑是地上霜　霜カトオモフイイ月アカリ
挙頭望山月　ノキバノ月ヲミルニツケ
低頭思故郷　ザイショノコトガ気ニカカル

李白の「静夜思」の井伏鱒二訳である。せめて生きているうちは、こんな風に軽い足どりで歩いていたいと思う。

ほんとに咲いてる花よりも　山口瞳『木槿の花』

いま思うと、それは小さな嫉妬《しっと》だったのかもしれない。けれど、小さなとは言っても、ほどほどに陰湿なものではあったし、ざわざわと胸が騒ぐ落ち着きのない気持ちだったし、つまりちゃんとした嫉妬だったように思う。——私は、あのころ、会ったことも、声を聞いたこともない山口瞳に嫉妬していた。

向田さんがいなくなった、あの年の木槿《むくげ》のころ、小さな嫉妬は、やはり小さな憤《いきどお》りに変わっていた。向田さんの死があんまり唐突で、みっともなく狼狽《うろた》えるしかなかった私は、せめてそれを誰かのせいにでもしなければ、とても気が済まなかったのだろう。それまで私の中で嫌《いや》らしくチロチロくすぶっていた火種が、音を立てて炎になった。山口瞳さえいなければ、あるいは山口瞳があの人を直木賞に推したりさえしなかったら、向田さんは死ななくてよかったのに——私は正気でそう思ったのである。女敵討《めがたきう》ちみたいな気持ちだった。とは言っても、敵のところへ乗り込んでいく度胸も筋合いもなかったから、私は薄汚れた病犬みたいに遠吠《とおぼ》えした。吠えているうちに切なくなって、少しだけ泣いた。

向田さんの話の中に、山口瞳という名前がチョコチョコ出はじめたのは、いつのころからだったろう。あの人が「銀座百点」に随筆を書きはじめ、やがてそれが『父の詫《わ》び状』になって評判になり、そのうち私たちは、いままで自分たちのグループで遊んでいた女の子の姿を、隣町のグループの中に見かけるようになって、面白くなかった。それに、隣町のそのグループは、なんだか賢そうな子が多く、普段の遊びにしたってなんだか私たちより上等な遊びをしているように思われて、もう一つ面白くなかったのである。美人というほどではなかったが、私たちの仲間では手足が伸び伸びとすっきりしていて、よく気が利いて活発で、利発な子で人気のある向田邦子を、しきりと誘っているのは、どうも山口瞳らしいという噂は、かねてから聞いていた。これはなんとかしなければならないと思っていた矢先に、昭和五十五年夏、向田さんは、私たちの方を振り返りながら、直木賞をもらいに、こんどはほんとうに隣りの町へ行ってしまった。

山口瞳という隣町の子のことは、嫌いではなかった。『人殺し』とか『血族』とか、私たちはみんな読んでいたし、『居酒屋兆治《ちょうじ》』なんかは中でも好きで、テレビドラマにするために原作権をもらいにいこうかと思ったくらいだった。けれど私たちには、好きだから意地を張るみたいなところがあったし、もともと文芸コンプレックスもなかったわけではないので、なんとなく行きそびれているうちに、向田さんが、山口さんだの、瞳さんだのと口にするようになって、私たちはますます拗《す》ねて僻《ひが》むようになったのである。向田さんが隣町へ行きたがるのも、わからないでもなかった。私たちの町から見るその町は、いつも夕焼けて美しい町だった。胸がときめくような何かが起こりそうな町だった。そこでは、病んでいる人たちでさえ頬《ほお》だけはほんのりと赤く、灰色の懶惰《らんだ》も薄紅色に化けて見えるように私たちには思えるところがあったのである。かつて文学少女だった向田さんにも、そんな気持ちは多かれ少なかれあったのだろう。ずいぶん私たちに気を遣《つか》いながらも、隣町の話をするときのあの人は、嬉しそうだった。話す声のキィがいくらか高くなり、テレビドラマを書きはじめたころみたいに、目が躍っているようだった。

体のこともあったのだろう。『父の詫び状』の少し前、あの人から乳癌の話をされた夜のことは忘れない。《癌かもしれないの》。私は何のことかわからなかった。《かもじゃなくて、癌なの》。野鳥図鑑ではあるまいし、向田さんは何を言っているのだろう。けれど、それは真面目な話だった。いつもの忙《せわ》しない話し方ではなく、妙な間がやたら気になるその夜の向田さんだった。どんな人だって、自分の命の行方がぼんやりとであれ見えたとき、あんな風になるのだろうか。あの人は、ほとんど手のついていない二人のお茶を、いれ替えてばかりいた。風に色なんかあるはずがないのに、部屋の窓の外を吹く風が白茶けて見え、私はふと洩《も》れそうになる溜息《ためいき》を、こっそり途中で飲み込んでいた。テレビドラマは、そのときそのときで消えていくから好きなんだと言っていた向田さんが、何かを文字として遺《のこ》しておきたいと考えるようになったのは、あの晩からだったのかもしれない。それからしばらくして、あの人は『父の詫び状』を書きはじめた。それまであちこちに書いていたエッセイには見られなかった、何かを見据《みす》えるような視線と、勁《つよ》い文章がそこにはあった。

昭和五十六年八月、向田さんが癌ではなくていなくなったすぐ後、山口瞳は「週刊新潮」に、〈木槿の花〉という題で向田さんの話を書きはじめた。主に直木賞受賞のころの話で、そこには私たちの知らない向田さんが、お酒を飲んだり、笑ったり、可愛く首を傾《かし》げたりしていた。やっぱり面白くなかった。たとえば、それはいままで持っていることも知らなかった華やかな洋服を着た女房が、好き者らしい男たちに囲まれているのを、入り口の暖簾《のれん》の蔭から見てしまった亭主の気持ちのようだった。しかも、その人はもういない。生きてさえいたら、この人との付き合いの長さは、あんたの倍もあるなどと、稚《おさな》い突っ張りもできるのに、もういないということで山口瞳の言いなりになっていなければならないのが、なんとも悔しかったのである。毎号、毎号、悔しかったり、腹が立ったり、ときにはそんな自分が情けなく思ったりした中で、とうとう私は我慢しかねる文章に行き当たった。《「直木賞をとらなければ、写真集を出そうなんて物好きな出版社もなかったろうに……」というテレビのほうの人の談話があった。その人は、こうも言っている。「バカな死に方をして！」》(「戦友」)。そう言ったのは私である。確かに、そうは言った。それに文句はない。しかし、〈テレビのほうの人〉というのに引っかかった。そんな言い方はないだろう。私だってたいした名前じゃないが、一応の名前は持っている。それを敢《あ》えて〈……のほうの人〉というのは、これは私たちテレビに対する侮辱ではないか。いま考えると不思議だが、そのときは大の大人が本気でそう思ったのである。けれど、読者も、関係者も、誰もそんな風には感じなかったらしい。勢いこんで同意を求めても、あたりは曖昧《あいまい》に頷《うなず》くだけだった。私は一人で萎《な》え、落ち込んだ挙げ句、もうこの本は読まないと、投げやりに心に決めた。

それから後も、『木槿の花』の作者とは何の接点もないまま十年が経《た》った。あのころ四十半ばだった私は、向田さんがいなくなった歳をいくつか越えていた。別段、癌の兆候はなかったが、白っぽい靄《もや》の向うに何だか変に懐かしいような、淡い光が見えることが時折あって、あの人もあのころ、こんな光を見たのだろうかと考えるように、私はなっていた。私は人に勧められて、向田さんの思い出話というか、自分でもよくわからなかった、あの人への気持ちを書いてみようと思い、二年半にわたってある雑誌に〈向田邦子ふたたび――触れもせで〉という思わせぶりなタイトルで、短い文章を載せることになった。そして、あの人の書いたものを読み直して、文章が上手いのに感心したり、いまの私よりずっと気持ちが大人だったのに驚いたりしているうちに、私はふと、どういう脈絡からか、『木槿の花』を読んでみたくなったのである。もしかしたら、あの日の情けなさを思い出して、一言文句を言ってやろうとでも思ったのかもしれない。いずれにしても、構えた気持ちが私の中にはあった。表紙をめくったときは、そこであの山口瞳に直《じか》に対面するぐらいの覚悟があった。

年月というのは、不思議なものである。私は、『木槿の花』に泣いたのである。そこに現れる、あの日の向田さんの姿が懐かしかったのではなく、山口瞳の、静かに取り乱した気持ちに泣いたのである。向田さんを好きだった人は大勢いたし、いまでも好きな人もたくさんいるだろうが、『木槿の花』の悲しみをこれほどに辛く感じるのは、私だけだろうとさえ思ったのである。思い上がってではない。作者には失礼な言い方かもしれないが、ある大切なものを失ったときの、ざわめくような不安と、それと裏腹に、なんだか笑ってしまいたくなるようなポカンとした空気が、手に取るようにわかって、あのとき私はこの人とおなじだったのだと、思い当たったのである。それなら、あの日、「週刊新潮」でおなじ文章を読んだとき、どうして私は、ああもささくれ立ち、腹立たしく、濁っていたのだろう。私は、あれからの十年という年月を想ってみた。このごろ見る、淡い光のことを考えた。勘定してみると、私が四十半ばだったあのころ、十歳ほど年嵩《としかさ》の山口瞳は、五十中ごろだったわけである。花が好きで、酒が好きで、人がこよなく好きな山口瞳の、胸の底に流れる静かな悲しみが、十年経ってようやく私にも見えてきたのだろうか。年月というものは、それほどのものであり、同時にたったそれくらいのものなのだろうか。

――私は、自分の本の中で『木槿の花』に触れるのをやめた。『木槿の花』は、山口瞳が向田さんの目だけを真っすぐに見て書いた、山口瞳の『木槿の花』なのである。

私は木槿の花というのを、よく知らない。白っぽい花だったようにも思うし、紫がかっていたようにも思う。夏の宵《よい》、坂道の途中の家の生《い》け垣《がき》に見かけて、こんなつつましい家に棲《す》みたいと、昔思ったことがあるが、いまはそうは思わない。花は想うもので、実際に目にしない方がいいのかもしれない。少なくとも、木槿の花だけは、垣根に開くそれよりも、山口瞳の『木槿の花』がずっと美しいに違いない。

住所録

いつも携帯しているアドレス帖は、二年に一度の割りで作り直すことにしている。ほんの一時《いっとき》、仕事の上で頻繁に行き来した人でも、その仕事が終わったら疎遠になることもあるし、もう十年も音沙汰のない人の名前や電話番号が、いつまでもそこにあるのも変である。とくにこのごろは、携帯電話の番号も書き入れなければならないので、小さな手帖はすぐに満員になってしまう。だから、手帖のキャパに応じて消えていく人たちがいる。

私の場合、家にその原簿といっていい分厚いノートがある。まだいくらも余白があるから、何十年来お付き合いのある人たちの名前や、住所、電話番号はみんな控えてある。いまは遠くなっていても、いずれまたということもあるから、どんな人の名前も消さない。――住所録は、その人の歴史である。すっかり消息が知れなくなった人を懐かしむこともあるし、昨日はじめて会った人の名を胸弾ませて書き込むこともある。そして、また一人分、住所録が重くなったように思って、豊かな気持ちになる。

　困るのは、住所録の中の人が亡くなったときである。もう二度と手紙を書いたり、電話をかけたりはしないと思っても、その名前を塗りつぶす勇気が、私にはない。最近では、辻邦生さんや江藤淳さんがそうだった。お二人とも、心やさしい年長の人で、辻さんは、緑や紫のカラー・ペンシルで軽井沢から楽しい手紙を下さり、江藤さんは、毎年八月になると、「海ゆかば」の歌詞を、生真面目な文字で書き送って下さった。そうした人たちの名を、どうしてこの住所録から消すことができよう。

　ふと気になって、住所録の《ム》のページを開いてみた。そこには、いまでも《向田邦子――港区南青山……》と書いてあった。

所収

待ち合わせ
『向田邦子との二十年』ちくま文庫（2009）
樹木希林
『歳月なんてものは』幻戯書房（2011）
こんにちは、母さん
『冬の女たち―死のある風景』新潮社（2002）
桃井かおりのお尻の重さ
『私があなたに惚れたのは』主婦の友社（2002）
やがて死ぬ人
「大阪物語」パンフレット　関西テレビ（1999）
静かに変わった小泉今日子
『歳月なんてものは』幻戯書房（2011）
「羽化」した宮沢りえ
『歳月なんてものは』幻戯書房（2011）
夏目雅子は母の顔
『私があなたに惚れたのは』主婦の友社（2002）
岸田今日子さんの魔法
『歳月なんてものは』幻戯書房（2011）
面影
『薔薇に溺れて―死のある風景』新潮社（2000）
黒柳徹子
『ひと恋しくて―余白の多い住所録』中公文庫（1998）
港が見える丘
『ベスト・オブ・マイ・ラスト・ソング』文春文庫（2009）
こんな女に誰がした
『嘘つき鳥』幻戯書房（2014）
花影の人――小林亜星
『私があなたに惚れたのは』主婦の友社（2002）
虎疫は殺せ汝が夫を――美輪明宏
『私があなたに惚れたのは』主婦の友社（2002）
沢田研二という日蝕は起るだろうか
「シナリオ」シナリオ作家協会（1975/7）
十階のモスキート
『遊びをせんとや生れけむ』文藝春秋（2009）
役者――沢村田之助と森光子
『私があなたに惚れたのは』主婦の友社（2002）
私を泣かせた柄本明
『歳月なんてものは』幻戯書房（2011）
本木雅弘
『ひと恋しくて―余白の多い住所録』中公文庫（1998）

岸部一徳
「北國新聞」北國新聞社（2003/12/14朝刊）
懐かしい奴——小林薫
『私があなたに惚れたのは』主婦の友社（2002）
南北と勘九郎
『この人生の並木路』恒文社21（2002）
森繁さん①②
『ニホンゴキトク』講談社文庫（1999）
唐獅子牡丹
『みんな夢の中　マイ・ラスト・ソング2』文藝春秋（1997）
市川崑は煙である
『私があなたに惚れたのは』主婦の友社（2002）
神代さんの光
『私があなたに惚れたのは』主婦の友社（2002）
さくらの唄
『ベスト・オブ・マイ・ラスト・ソング』文春文庫（2009）
ちあきなおみ
『ひと恋しくて—余白の多い住所録』中公文庫（1998）
砂金、掌に掬えば——なかにし礼
『昭和幻燈館』中公文庫（1992）
阿久悠の向うに海が見える
『私があなたに惚れたのは』主婦の友社（2002）

みんな夢の中
『ベスト・オブ・マイ・ラスト・ソング』文春文庫（2009）
「満願」
『黄昏かげろう座』角川春樹事務所（1998）
悪い夢　私の乱歩
『悪い夢　私の好きな作家たち』角川春樹事務所（1995）
溺死のエトランジェ——小沼丹
『美の死　ぼくの感傷的読書』ちくま文庫（2006）
臍曲がりの純情
「小説新潮」新潮社（2002/12）
久保田万太郎
『ひと恋しくて—余白の多い住所録』中公文庫（1998）
「不良の文学、または作家の死」
——伊集院静と松井邦雄——
『乳房』（伊集院静著）講談社文庫（1993）
サヨナラだけが人生だ
『死のある風景』新潮社（1999）
ほんとに咲いてる花よりも　山口瞳『木槿の花』
『悪い夢　私の好きな作家たち』角川春樹事務所（1995）
住所録
『薔薇に溺れて—死のある風景』新潮社（2000）

久世光彦　くぜてるひこ
一九三五年、東京生まれ。演出家、テレビプロデューサー、小説家、作詞家。「時間ですよ」「寺内貫太郎一家」「ムー」など伝説的なテレビドラマを手掛ける。『蝶とヒットラー』でBunkamuraドゥマゴ文学賞、『聖なる春』で芸術選奨文部大臣賞、『蕭々館日録』で泉鏡花文学賞受賞。その他おもな著作に『昭和幻燈館』『一九三四年冬―乱歩』『向田邦子との二十年』「マイ・ラスト・ソング」シリーズなど。二〇〇六年、虚血性心不全のため死去。

「あの人」のこと

二〇二〇年三月二〇日　初版印刷
二〇二〇年三月三〇日　初版発行

著　者　久世光彦
発行者　小野寺優
発行所　株式会社河出書房新社
〒151-0051
東京都渋谷区千駄ヶ谷2-32-2
03-3404-1201［営業］
03-3404-8611［編集］
http://www.kawade.co.jp/

組　版　株式会社創都
印　刷　株式会社亨有堂印刷所
製　本　加藤製本株式会社

ISBN 978-4-309-02860-6　Printed in Japan